Jorge Gómez Gómez
Velssy Hernández Riaño
Virgilio Cruz Guzmán

# IMPLEMENTACIÓN DE MODELOS DE APRENDIZAJE PROFUNDO (DEEP LEARNING)

Jorge Gómez Gómez
Velssy Hernández Riaño
Virgilio Cruz Guzmán

# IMPLEMENTACIÓN DE MODELOS DE APRENDIZAJE PROFUNDO (DEEP LEARNING)

## Fundamentos teóricos y desarrollo de aplicaciones con redes neuronales

PUBLICIA

**Imprint**



Cover image: www.ingimage.com

Publisher:
PUBLICIA
is a trademark of
Dodo Books Indian Ocean Ltd. and OmniScriptum S.R.L publishing group

120 High Road, East Finchley, London, N2 9ED, United Kingdom
Str. Armeneasca 28/1, office 1, Chisinau MD-2012, Republic of Moldova, Europe
Managing Directors: Ieva Konstantinova, Victoria Ursu
info@omniscriptum.com

Printed at: see last page
**ISBN: 978-620-8-87335-6**

# IMPLEMENTACIÓN DE MODELOS DE APRENDIZAJE PROFUNDO (DEEP LEARNING)

JORGE GÓMEZ GÓMEZ
VELSSY HERNÁNDEZ RIAÑO
VIRGILIO CRUZ GUZMÁN

# IMPLEMENTACIÓN DE MODELOS DE APRENDIZAJE PROFUNDO (DEEP LEARNING)

**Fundamentos teóricos y desarrollo de aplicaciones con redes neuronales.**


JORGE GÓMEZ GÓMEZ

VELSSY HERNÁNDEZ RIAÑO

VIRGILIO CRUZ GUZMÁN

## SOBRE LOS AUTORES:

### DR. JORGE GÓMEZ GÓMEZ

Ingeniero de Sistemas de profesión egresado de la Fundación Universitaria San Martín, Magíster en Ingeniería Telemática de la Universidad del Cauca, Doctorado en Tecnologías de la Información y las Comunicaciones de la Universidad de Granada España, profesor de tiempo completo de la carrera de Ingeniería de Sistemas de la Universidad de Córdoba. Director del grupo de investigación SÓCRATES de la carrera de Ingeniería de Sistemas de la Universidad de Córdoba, Editor jefe de la revista Ingeniería e Innovación de la Universidad de Córdoba. Miembro y fundador de la rama estudiantil IEEE de la Universidad de Córdoba. He publicado numerosos artículos en el área de Internet de las Cosas, Context Awareness, e-learning, redes de telecomunicaciones, en diferentes revistas indexadas en los índices JCR y SCOPUS. He desarrollado proyectos de investigación relacionados con seguridad ciudadana, ciudades inteligentes, Internet de las cosas para temas de salud, entre otros. Soy el coordinador del grupo de investigación en Computación Pervasiva de la carrera de Ingeniería de Sistemas de la Universidad de Córdoba. En este grupo de investigación desarrollamos actividades de investigación orientadas a sistemas inteligentes basados en tecnologías como RFID, NFC, QRCODE, sistemas de geolocalización, sistemas ubicuos y omnipresentes. También en este semillero los estudiantes proponen soluciones en los temas antes mencionados; los miembros participan activamente dentro y fuera de la universidad en actividades de investigación. Como resultado, muchos miembros han ganado premios regionales y nacionales. Además, he participado como jurado evaluador de revistas indexadas, tesis de maestría y doctorado. También soy editor invitado de la revista Computational and Mathematical Methods in Medicine-Hindawi. He sido profesor invitado de la Corporación Universitaria de la Costa, en el doctorado de Tecnologías de la Información y las Comunicaciones, en la materia Representación semántica de la información en entornos ubicuos. He sido profesor de la Universidad Cooperativa de Colombia en Montería del 2008 al 2015, donde impartí cursos de inteligencia artificial, bases de datos y redes de telecomunicaciones. De igual forma fui docente de la Universidad del Sinú en los años 2008 al 2015, donde también fui director del grupo de investigación GNOCIX de la carrera de Ingeniería de Sistemas. He sido conferencista en eventos nacionales e internacionales. A nivel internacional fui invitado por la Universidad Técnica Estatal de Quevedo Ecuador a impartir un seminario sobre Internet de las Cosas en el año 2014. En el año 2016 fui invitado por la Universidad de Babahoyo Ecuador a impartir un seminario taller sobre

Sistemas Ubicuos. He participado en convocatorias internas de investigación de la Universidad de Córdoba, así como en convocatorias externas como Minciencias.

Finalmente puedo decir que con la experiencia que he tenido a lo largo de los años como profesional, he contribuido a generar nuevos conocimientos, esto se ha reflejado en los artículos que he publicado, los trabajos de posgrado que he dirigido, los cursos que he impartido y la apropiación del conocimiento a la comunidad educativa. Dentro de la Rama IEEE de la Universidad de Córdoba, he impulsado la investigación y la proyección social del conocimiento a entornos sociales que lo han requerido.

**Msc. VELSSY HERNÁNDEZ RIAÑO:**

Es Ingeniera de Sistemas y tiene una Maestría en Ingeniería Telemática de la Universidad Francisco José de Caldas, Colombia. Es Profesora del Departamento de Ingeniería de Sistemas y Telecomunicaciones de la Universidad de Córdoba, además es Investigadora del grupo de investigación SOCRATES. Ha publicado numerosos artículos científicos en prestigiosos Journal. Es miembro de la rama estudiantil IEEE de la universidad de Córdoba.

**Dr. VIRGILIO CRUZ GUZMÁN:**

Es Profesor Investigador en la Facultad de Matemáticas - Acapulco de la Universidad Autónoma de Guerrero (UAGro), donde se ha destacado por su trayectoria académica y contribuciones en el ámbito de la inteligencia computacional. Su formación incluye una Licenciatura en Matemáticas con área en Computación y una Maestría en Ciencias de la Computación, ambas obtenidas en la Universidad Autónoma de Guerrero, México. Posteriormente, amplió sus estudios internacionales al completar un Máster en Soft Computing y Sistemas Inteligentes, seguido de un Doctorado en Ciencias y Tecnologías de la Información y la Comunicación, ambos en la Universidad de Granada, España. A lo largo de su carrera, ha impartido cursos especializados en áreas como Inteligencia Computacional, Inteligencia Artificial y Ciencia de Datos, consolidando su perfil como educador e investigador. Además, ha dirigido tesis tanto a nivel de Licenciatura como de Maestría, guiando a estudiantes en proyectos académicos innovadores. Su producción intelectual incluye numerosas publicaciones científicas, como autor y coautor, en revistas y congresos de alcance nacional e internacional.

Sus líneas de investigación se centran en dos ejes principales: la aplicación de técnicas basadas en Soft Computing para modelar y resolver problemas con presencia de incertidumbre, y el uso de la robótica educativa como herramienta para fomentar el desarrollo del pensamiento computacional. Estas áreas reflejan su compromiso con la innovación tecnológica y la formación de nuevas generaciones en disciplinas vinculadas a la computación y la inteligencia artificial.

**RESUMEN**

En los últimos años el auge de la inteligencia artificial ha crecido de forma exponencial. Cientos de aplicaciones se desarrollan utilizando algoritmos de aprendizaje automático para solución de problemas reales. En este libro está orientado a enseñar a personas con conocimientos previos de aprendizaje automático y redes neuronales. Por tanto, los conceptos y aplicaciones que aquí se manejan, aunque suelen ser muy explicativas, en algunos casos suelen ser abstractos. No obstante, para hemos diseñado los capítulos que, en primera instancia, ubiquen conceptualmente al lector, ofreciéndole una base de conocimiento sobre el aprendizaje profundo (*Deep Learning*), que va desde los fundamentos de las redes neuronales multicapa, redes neuronales recurrentes, redes neuronales convoluciones y aprendizaje por refuerzo. Luego de que lector tenga una inmersión con estos conceptos y descripción de algunas aplicaciones asociadas a esta temática, se procede a entrenar una red neuronal convolucional para la predicción de plagas de plantas, un clasificador de frutas y verduras y un modelo de predicción de enfermedades cardiacas mediante imágenes médicas computarizadas. El lector podrá ir realizando el ejercicio paso a paso y se le irá explicando los elementos tenidos en cuenta para el entrenamiento del conjunto de datos de imágenes de plantas. Una vez el lector haya realizado el entrenamiento del modelo, se le enseñará a desarrollar una aplicación web, que permita el uso del modelo entrenado para hacer la predicción de la enfermedad de la planta. Finalmente se guiará en el entrenamiento de imágenes médicas con la aplicación de un dataset de enfermedades coronarias. En términos generales este libro es una guía de apoyo para el aprendizaje profundo, con aplicaciones prácticas.

Contenido

## CAPITULO I

## 1. Introducción al aprendizaje profundo

### 1.1. Redes neuronales multicapa

Las redes neuronales multicapa se componen de varias capas computacionales. Las capas adicionales situadas entre las capas de entrada y salida se conocen como capas ocultas, ya que los cálculos que realizan no son visibles para el usuario. Este tipo de arquitectura se denomina red de propagación hacia adelante porque cada capa pasa información a la siguiente en una secuencia de avance de entrada a salida. En general, las redes de propagación hacia adelante se estructuran de modo que cada nodo de una capa esté conectado a todos los nodos de la capa subsiguiente. Por tanto, la arquitectura de la red neuronal se determina en gran medida una vez especificado el número de capas, así como el número y tipo de nodos en cada capa (Wu & Feng, 2018). El único aspecto que queda por decidir es la función de pérdida optimizada en la capa de salida. Es muy común utilizar salidas softmax con pérdida de entropía cruzada para tareas que involucran predicciones discretas y salidas lineales con pérdida al cuadrado para tareas que involucran predicciones de valores reales (Wang, 2003).

La arquitectura de una red neuronal de avance directo con dos capas ocultas y una sola capa de salida. Aunque cada unidad contiene una variable escalar individual, es común representar todas las unidades de una capa como una sola unidad vectorial. Estas unidades vectoriales se muestran como rectángulos y están conectadas entre sí mediante matrices. En la figura 1 se aprecia la arquitectura de una red neuronal multicapa.

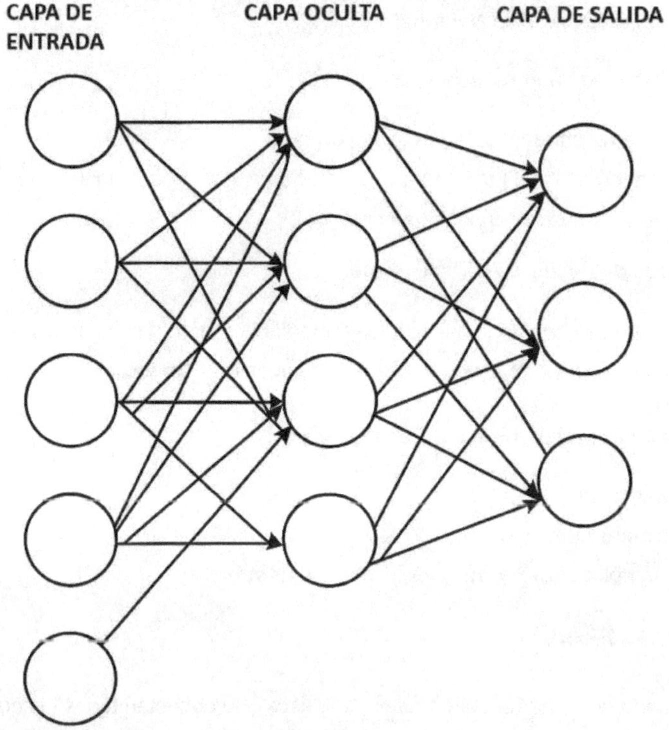


Figura 1. Arquitectura de red multicapa

La matriz $W_1$, de dimensiones $d \times p_1$, contiene los pesos que conectan la capa de entrada con la primera capa oculta. Mientras tanto, los pesos que unen la r-ésima capa oculta con la (r + 1)-ésima capa oculta están representados por la matriz $W_r$, de dimensiones $p_r \times p_{r+1}$. Si la capa de salida consta de o nodos, la matriz final,

$W_{k+1}$, tendrá dimensiones $p_k \times o$. Esto se puede apreciar de la siguiente con el siguiente ejemplo, sigue la secuencia:

*1. Estructura de una Red Neuronal*

Imagina una red neuronal con:

- Capa de entrada: d nodos (ejemplo: $d=3$).
- k capas ocultas: La primera capa oculta tiene $p1$ nodos, la segunda $p2$, etc.
- Capa de salida: $o$ nodos (ejemplo: o=2).

2. Matrices de Pesos y sus Dimensiones

Cada capa está conectada a la siguiente mediante una matriz de pesos. Las dimensiones dependen de los nodos en las capas que conectan:

a) Capa de Entrada → Primera Capa Oculta

- Matriz: $W1$
- Dimensiones: $d \times p1$
- Ejemplo: Si $d=3$ y $p1=4$, ➔ $W1$ es una matriz 3×4.

  Explicación:

- Cada columna de $W1$ contiene los pesos que conectan todos los nodos de entrada a un único nodo de la capa oculta.
- Por ejemplo, la columna 1 de $W1$ son los pesos para el primer nodo de la capa oculta.

b) Capa Oculta $r$ → Capa Oculta $r+1$

- Matriz: $Wr$
- Dimensiones: $pr \times pr+1$
- Ejemplo: Si la capa oculta 1 tiene p1=4 nodos y la capa 2 tiene $p_2=5$, entonces $W2$ es 4×5.

Explicación:

- Cada columna de $W_r$ contiene los pesos que conectan todos los nodos de la capa $r$ a un único nodo de la capa $r+1$.

c) Última Capa Oculta → Capa de Salida

- Matriz: $W_{k+1}$
- Dimensiones: $p_k \times o$
- Ejemplo: Si la última capa oculta tiene $p_k=5$ nodos y la salida tiene $o=2$, entonces $W_{k+1}$ es $5\times2$.

Explicación:

- Cada columna de $W_{k+1}$ contiene los pesos que conectan todos los nodos de la última capa oculta a un único nodo de salida.

Las funciones de activación, como la sigmoidea, se aplican individualmente a cada elemento de sus entradas vectoriales. Por el contrario, algunas funciones de activación, como la softmax, están diseñadas inherentemente para entradas vectoriales y se utilizan a menudo en las capas de salida (Sharma et al., 2017). Aunque cada unidad de red neuronal consta de una sola variable, los diagramas de arquitectura suelen agrupar estas unidades dentro de una capa para formar una única unidad vectorial, representada como un rectángulo en lugar de un círculo. Es importante destacar que las conexiones entre Las unidades vectoriales ahora se representan mediante matrices. Además, un supuesto clave en las arquitecturas neuronales basadas en vectores es que todas las unidades dentro de una capa emplean la misma función de activación, aplicada elemento por elemento a esa capa. Este requerimiento no suele ser problemático, debido a que la mayoría de las arquitecturas neuronales utilizan consistentemente la misma función de activación durante todo el proceso computacional, con variaciones que suelen ocurrir solo en la capa de salida (Sharma et al., 2017). Estas decisiones suelen estar guiadas por los objetivos específicos de la aplicación, como la clasificación o la reducción de dimensionalidad. Un ejemplo clásico de reducción de dimensionalidad es el autocodificador, que reconstruye las salidas a partir de las entradas, lo que resulta en un número igual de salidas y entradas, como se muestra en la Figura 1. La capa oculta comprimida en el centro proporciona una representación reducida de cada instancia. Debido a esta compresión, se pierde información, que generalmente corresponde al ruido en los datos. Las salidas de las capas ocultas representan la representación reducida de los datos.

### *1.1.1. Los autocodificadores*

Los autocodificadores pueden diseñarse con diversas arquitecturas, como redes superficiales o profundas, para adaptarse a distintos niveles de complejidad de los datos. La elección de las funciones de activación, las funciones de pérdida y las técnicas de regularización pueden influir significativamente en la calidad de la representación reducida y en la capacidad del modelo para generalizar datos desconocidos. Además, se han desarrollado variaciones de los autocodificadores, como los autocodificadores variacionales y de eliminación de ruido, para abordar retos específicos y mejorar el rendimiento del modelo en diferentes escenarios (Sewak et al., 2020).

La compresión lograda por los autocodificadores puede adaptarse a tareas o dominios específicos ajustando la arquitectura y los hiperparámetros de un modelo.

Por ejemplo, los autocodificadores convolucionales son especialmente eficaces para datos de imágenes, mientras que los autocodificadores recurrentes son muy adecuados para datos secuenciales como series temporales o lenguaje natural. La representación reducida aprendida por el autocodificador puede utilizarse para diversas tareas posteriores, como la reducción de la dimensionalidad, la extracción de características y la detección de anomalías. Se han desarrollado arquitecturas avanzadas de autocodificadores para abordar problemas específicos y mejorar el rendimiento. Por ejemplo, los autocodificadores dispersos animan al modelo a aprender representaciones más compactas imponiendo restricciones de dispersidad en las capas ocultas. Los autocodificadores contractivos pretenden aprender representaciones más robustas penalizando la sensibilidad de las representaciones codificadas a pequeños cambios en la entrada. Estas arquitecturas especializadas pueden ser especialmente útiles en escenarios en los que la calidad y la interpretabilidad de las representaciones aprendidas son cruciales para la aplicación en cuestión.

Por otro lado, los autocodificadores variacionales (VAE) son otra clase importante de arquitecturas avanzadas de autocodificadores que combinan elementos de modelado probabilístico con redes neuronales. Los VAE aprenden a generar nuevas muestras de datos asignando las entradas a una distribución de probabilidad en el espacio latente, lo que permite obtener representaciones más flexibles y expresivas. Además, los autoencodificadores de eliminación de ruido han ganado popularidad por su capacidad de aprender características robustas reconstruyendo entradas limpias a partir de versiones corruptas, lo que los hace especialmente útiles en aplicaciones con datos ruidosos o incompletos (Atienza, 2018). Estas arquitecturas avanzadas de autocodificadores se han aplicado en diversos ámbitos, como el procesamiento de imágenes, la detección de anomalías y el modelado generativo. Los autocodificadores contractivos se han utilizado para mejorar la extracción de características en imágenes médicas, mientras que los VAE se han mostrado prometedores en la generación de datos sintéticos realistas con fines de aumento (Atienza, 2018). Los autocodificadores de eliminación de ruido han demostrado su eficacia para mejorar la calidad de la señal en sistemas de reconocimiento de voz y reconstruir imágenes incompletas o dañadas. El desarrollo de estas variantes especializadas de autocodificadores ha contribuido notablemente al avance del aprendizaje de representaciones y la extracción de características sin supervisión. Los investigadores siguen explorando nuevas combinaciones y modificaciones de estas arquitecturas para abordar retos específicos en distintos ámbitos, ampliando así las capacidades y la aplicabilidad de los modelos basados en autocodificadores en el aprendizaje automático y la inteligencia artificial. Estas variantes especializadas de los autocodificadores han encontrado aplicaciones más allá de sus dominios iniciales: los autocodificadores contractivos se aplican a la detección de anomalías en procesos industriales, y los VAE se utilizan para el descubrimiento de fármacos y el diseño molecular (Krishnan et al., 2022).

### *1.1.2. Entrenamiento de una red neuronal con retropropagación*

En una red neuronal monocapa, el proceso de entrenamiento es relativamente sencillo porque la función de error o pérdida está directamente relacionada con los pesos, lo que facilita el cálculo del gradiente. Sin embargo, en las redes multicapa, el reto surge porque la pérdida es una función compuesta compleja de los pesos de las capas anteriores. Para calcular el gradiente de la función compuesta se utiliza el algoritmo de retropropagación (Rojas & Rojas, 1996). Este algoritmo utiliza la regla de la cadena del cálculo diferencial para calcular los gradientes de error sumando los productos del gradiente local a través de varias rutas desde un nodo hasta la salida. Aunque esta suma implica un número exponencial de componentes (caminos), puede calcularse eficazmente mediante programación dinámica, en la figura 2 se puede apreciar el algoritmo. El algoritmo de retropropagación es una aplicación directa de la programación dinámica. Consta de dos fases principales: hacia delante y hacia atrás. La fase hacia delante es necesaria para determinar los valores de salida y las derivadas locales en los distintos nodos, mientras que la fase hacia atrás es necesaria para acumular los productos de estos valores locales en todos los caminos desde el nodo hasta la salida. Una versión simplificada de este método puede equipararse matemáticamente a una conocida técnica de reducción de la dimensionalidad conocida como descomposición de valores singulares. Este compuesto por dos fases:

1.Durante la fase de avance, se introducen en la red neuronal las entradas de un ejemplo de entrenamiento, iniciando una secuencia de cálculos a través de las capas con los pesos actuales. La salida predicha resultante se comparaba con la salida real del ejemplo de entrenamiento y se calculaba la derivada de la función de pérdida para la salida. En la fase regresiva, esta derivada debe calcularse con respecto a los pesos de todas las capas.

2. Fase regresiva: El objetivo principal de la fase hacia atrás es determinar el gradiente de la función de pérdida con respecto a varios pesos aplicando la regla de la cadena del cálculo diferencial. A continuación, estos gradientes se utilizan para ajustar los pesos. Dado que el cálculo del gradiente se realiza a la inversa, comenzando en el nodo de salida, el proceso se denomina fase hacia atrás.

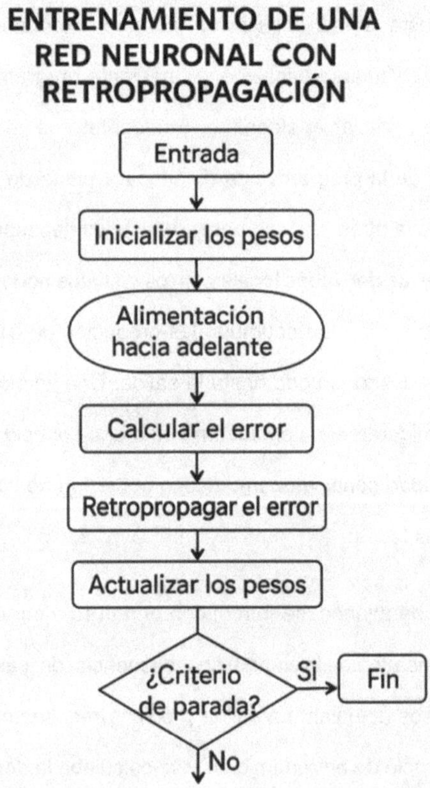


Figura 2. Algoritmo de retropropagación.

La eficacia del algoritmo de retropropagación va más allá de sus ventajas computacionales, ya que también proporciona información valiosa sobre el proceso de aprendizaje de las redes neuronales. Al examinar los gradientes calculados durante la retropropagación, los expertos en el área pueden comprender mejor qué características y parámetros influyen más en el proceso de toma de decisiones de la red. Este aspecto interpretable de la retropropagación ha contribuido a mejorar el diseño de la arquitectura de las redes neuronales y las técnicas de optimización. Además, los principios de la retropropagación se han adaptado y ampliado a varios tipos de redes neuronales, como las redes neuronales recurrentes (RNN) y las redes neuronales convolucionales (CNN). Estas variantes especializadas de la retropropagación, como la retropropagación a través del tiempo para las RNN, han permitido el entrenamiento de modelos más complejos capaces de manejar datos secuenciales y tareas de procesamiento de imágenes, ampliando aún más la aplicabilidad de las redes neuronales en diversos dominios (Alkhairi & Windarto, 2023).

La aplicación de la retropropagación en arquitecturas de redes neuronales especializadas ha dado lugar a importantes avances en campos tan diversos como el procesamiento del lenguaje natural y la visión por ordenador. Por ejemplo, la capacidad de entrenar redes neuronales convolucionales profundas ha revolucionado las tareas de reconocimiento de imágenes y detección de objetos (Fan et al., 2018), mientras que las redes neuronales recurrentes han mejorado enormemente los sistemas de traducción automática y reconocimiento del habla (Yang et al., 2010). Estos avances no sólo han mejorado el rendimiento de los modelos de IA, sino que también han abierto nuevas posibilidades para resolver problemas complejos del mundo real. Además, la interpretabilidad de la retropropagación es cada vez más importante para resolver los problemas éticos y los requisitos normativos que rodean a los sistemas de IA. Al proporcionar información sobre el proceso de toma de decisiones de las redes neuronales, investigadores y profesionales pueden trabajar para desarrollar modelos de IA más transparentes y responsables, lo que es crucial para generar confianza y garantizar el despliegue responsable de las tecnologías de IA en ámbitos sensibles como la sanidad y las finanzas (Naik et al., 2022).

El impacto de la retropropagación va más allá de las aplicaciones tradicionales de la IA e influye en campos emergentes como el aprendizaje por refuerzo y los modelos generativos (Grüning, 2007). Estas áreas han experimentado avances significativos, permitiendo a los sistemas de IA aprender estrategias complejas en entornos dinámicos y crear datos sintéticos de gran realismo, respectivamente. Además, el continuo perfeccionamiento de las técnicas de retropropagación ha conducido al desarrollo de arquitecturas de redes neuronales más eficientes y escalables. Estos avances han facilitado el entrenamiento de modelos cada vez más grandes y sofisticados, ampliando los límites de las capacidades de la IA en diversos ámbitos y contribuyendo a la continua evolución de la investigación en inteligencia artificial general.

## 1.2. Redes neuronales recurrentes

Las redes neuronales recurrentes (RNN) están diseñadas específicamente para manejar datos secuenciales como frases de texto, series temporales y otras secuencias discretas como las que se encuentran en biología. En estos casos, la entrada se estructura como $x_1$ ... $x_n$, donde $x_t$ representa un punto d-dimensional recibido en la marca temporal t. Por ejemplo, el vector $x_t$ podría abarcar los d valores en el intervalo t de una serie temporal multivariante (que comprende d series distintas). En un contexto textual, el vector xt incluiría la palabra codificada en el intervalo de tiempo t-ésimo. La codificación de una sola vez implica un vector cuya longitud coincide con el tamaño del léxico, con el componente correspondiente a la palabra relevante en 1, mientras que todos los demás componentes son 0. Un aspecto crucial de las secuencias es la interdependencia de las palabras sucesivas. En consecuencia, es ventajoso procesar una entrada específica xt sólo después de que las entradas precedentes hayan sido recibidas y transformadas en un estado oculto. La red feedforward tradicional, que canaliza todas las entradas hacia la capa inicial, no cumple este criterio. En consecuencia, la red neuronal recurrente permite que la entrada xt se relacione directamente con el estado oculto creado a partir de entradas en puntos temporales anteriores. La figura 3 visualiza el marco básico de la red neuronal recurrente. La idea central es que en cada punto temporal hay una entrada $x_t$ y un estado oculto $h_t$ que progresa con cada nueva entrada de datos. Además, cada punto temporal genera un valor de salida $y_t$. Por ejemplo, en un escenario de series temporales, la salida $y_t$ podría significar el valor previsto de $x_{t+1}$. Cuando se trata de secuencias de texto, la salida puede utilizarse para predecir la palabra siguiente, un método conocido como modelización del lenguaje. En algunos casos, no producimos yt en cada momento, sino sólo al final de la secuencia. Por ejemplo, al determinar si el sentimiento de una frase es "positivo" o "negativo", la salida se genera únicamente en el punto de tiempo final. Veamos una explicación más detallada:

1. Concepto Básico de RNNs

En una red neuronal recurrente (RNN), los datos se procesan secuencialmente, paso a paso, manteniendo un estado oculto ($h_t$) que "recuerda" información de pasos anteriores. Esto es clave para modelar secuencias (series temporales, texto, audio, etc.).

Elementos Clave en Cada Paso Temporal $t_t$:

- Entrada $x_t$: El dato en el instante *t* (ej: una palabra en una frase, el valor de una acción en un día).
- Estado oculto $h_t$: Representa la "memoria" de la red hasta el instante *t*. Se actualiza en cada paso.
- Salida $y_t$: Resultado generado en el paso *t*. Su propósito depende de la tarea.

2. Progresión del Estado Oculto

La magia de las RNNs está en cómo el estado oculto transmite información a través del tiempo:

- Fórmula del estado oculto:

  $h_t=f(x_t, h_{t-1})$

  Donde *f* es una función (ej: una capa neuronal con activación *tanh* o *ReLU*).

- Ejemplo: Si $x_t$, es la palabra "quiero" en una frase, $h_t$ podría recordar que el sujeto de la frase es "yo".

3. Salidas $y_t$:

La salida *yt* puede generarse en cada paso *t* o solo al final, dependiendo de la aplicación:

a) Salida en Cada Paso Temporal

- Casos de uso:
  - Predicción de la siguiente palabra (modelado de lenguaje):

  - Series temporales: Predecir $x_{t+1}$ usando $y_t$.
    Ejemplo: Predecir el precio de una acción mañana ($y_t$) usando datos históricos hasta hoy (*xt*).
- Matemáticamente:
  $y_t=g(h_t)$

  Donde *g* es otra función (ej: una capa *softmax* para clasificar palabras).

b) Salida Solo al Final

- Casos de uso:
  - Clasificación de secuencias:
    Ejemplo: Determinar si una reseña de película es "positiva" o "negativa" ($y_T$) al final de la frase.
  - Traducción de frases: La traducción se genera después de procesar toda la frase de entrada.

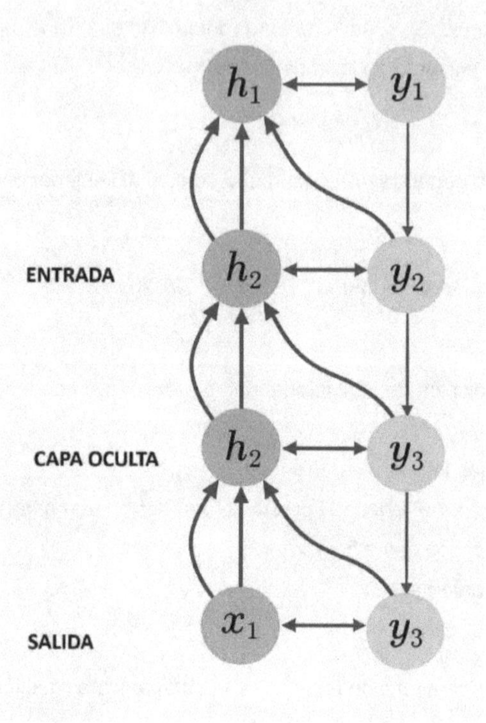


Figura 3. Red neuronal recurrente.

A continuación, se describirán algunos mecanismos basados en secuencias. En el caso de las series temporales, la salida podría predecir el siguiente valor. En el análisis de texto, podría predecir la siguiente palabra. A veces, la salida sólo se produce al final de una secuencia, como cuando se determina si una frase tiene un sentimiento positivo o negativo.

Este enfoque de generar salidas al final de una secuencia es particularmente útil en tareas de clasificación de textos, como el análisis de sentimientos, donde se busca una evaluación global del contenido. Sin embargo, en otros casos, puede ser beneficioso producir salidas intermedias o continuas a lo largo de la secuencia, permitiendo un análisis más detallado y dinámico de la información. La elección entre salidas finales o intermedias depende en gran medida de la naturaleza específica de la tarea y los objetivos del análisis. Por ejemplo, en el procesamiento del lenguaje natural, la predicción de palabras intermedias puede ser crucial para tareas como la traducción automática o la generación de texto (Datta, et al., 2020), mientras que, en el análisis de series temporales, las predicciones intermedias pueden proporcionar información valiosa sobre tendencias y patrones emergentes.

La flexibilidad de la generación de resultados en los modelos secuenciales va más allá de las series temporales y el modelado lingüístico. En las tareas de subtitulado de imágenes, por ejemplo, el modelo procesa una secuencia de características de la imagen y produce un texto descriptivo de salida al final. Del mismo modo, en la traducción automática, se procesa toda la secuencia de entrada antes de generar la secuencia de salida traducida (Datta et al., 2020). Estas variadas aplicaciones ponen de manifiesto la versatilidad de los modelos de secuencias para tratar distintos tipos de datos y tareas. La capacidad de producir salidas en puntos específicos o de forma continua a lo largo de la secuencia permite una amplia gama de aplicaciones en campos como las finanzas, el procesamiento del lenguaje natural, la visión por ordenador y la bioinformática.

Los modelos de secuencias también han encontrado aplicaciones en el análisis de series temporales, donde pueden predecir valores futuros basándose en datos históricos. Esto resulta especialmente útil en la predicción bursátil (Moghar & Hamiche, 2020), la previsión meteorológica y la previsión de la demanda para la gestión de la cadena de suministro. Además, estos modelos se han empleado en sistemas de reconocimiento de voz, donde pueden procesar señales de audio y generar las correspondientes transcripciones de texto. La adaptabilidad de los modelos de secuencias se extiende a tareas más complejas, como el análisis de sentimientos, el resumen de textos y los sistemas de respuesta a preguntas (Arras et al., 2017). En estas aplicaciones, los modelos pueden comprender el contexto y los matices del lenguaje, lo que les permite generar respuestas más precisas y significativas. A medida que avanza la investigación en este campo, cabe esperar aplicaciones aún más sofisticadas de los modelos de secuencias en diversos ámbitos.

La versatilidad de los modelos de secuencias ha propiciado su integración en diversas tareas de procesamiento del lenguaje natural, como la traducción automática y los sistemas de diálogo. Estos modelos pueden captar dependencias de largo alcance e información contextual, lo que les permite generar respuestas coherentes y adecuadas al contexto en aplicaciones de IA conversacional. Además, los modelos de secuencias han demostrado ser prometedores en tareas intermodales, como el subtitulado de imágenes y la descripción de vídeos, en las que pueden salvar eficazmente la distancia entre la información visual y la textual (Yan & Xu, 2020).

El potencial de los modelos de secuencias va más allá de las tareas lingüísticas tradicionales, ya que cada vez se aplican más a aplicaciones multimodales que combinan distintos tipos de datos. Por ejemplo, en sanidad, estos modelos se están utilizando para analizar series temporales de datos médicos, como electrocardiogramas e historiales de pacientes, para predecir la progresión de enfermedades y recomendar planes de tratamiento personalizados (Gelves, 2021). Además, en el sector financiero, los modelos de secuencias se emplean para analizar las tendencias del mercado y hacer predicciones más precisas sobre los precios de las acciones y los indicadores económicos. A medida que el campo de la modelización de secuencias sigue evolucionando, los investigadores exploran nuevas arquitecturas y técnicas de entrenamiento para mejorar la eficacia y la interpretabilidad de estos modelos. Esto incluye el desarrollo de variantes más eficientes desde el punto de vista de la memoria que puedan manejar secuencias más largas, así como enfoques que incorporen conocimientos específicos del dominio para mejorar el rendimiento en aplicaciones especializadas. Estos avances están allanando el camino para usos aún más innovadores de los modelos de secuencias en una amplia gama de industrias y disciplinas científicas.

## 1.3. Redes neuronales convolucionales

Las redes neuronales convolucionales (CNN), inspiradas en sistemas biológicos, se emplean en tareas de visión por ordenador, como la clasificación de imágenes y la detección de objetos. En una red neuronal convolucional, cada capa es tridimensional y posee tanto dimensiones espaciales como una profundidad que se corresponde con el número de características. La profundidad de una sola capa en una red neuronal convolucional es diferente de la profundidad global, que se refiere al número de capas. En la capa de entrada, estas características son canales de color como RGB (rojo, verde y azul), mientras que en las capas ocultas representan mapas de características ocultas que capturan diversas formas dentro de la imagen, ver figura 4.

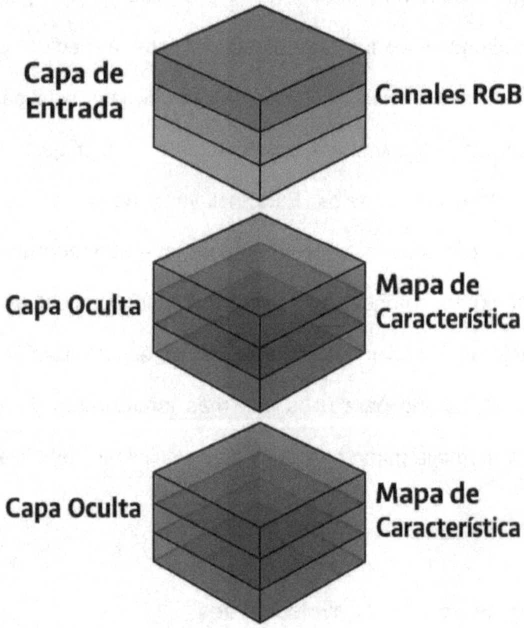


Figura 4. Capas de una red convolucional

La arquitectura se compone de dos tipos distintos de capas: convolucionales y de submuestreo. En las capas convolucionales se define una operación específica, en la que se emplea un filtro para transferir las activaciones de una capa a la siguiente. Esta operación de convolución utiliza un filtro tridimensional de pesos que coincide con la profundidad de la capa actual, pero tiene un tamaño espacial menor (O'shea, & 2015). El producto punto de todos los pesos del filtro con cualquier región espacial seleccionada (que coincida con el tamaño del filtro) dentro de una capa determina el valor del estado oculto en la capa siguiente, tras la aplicación de una función de activación, como ReLU. Esta operación entre el filtro y las regiones espaciales dentro de una capa se ejecuta en todas las posiciones posibles para establecer la capa siguiente, garantizando que las activaciones mantienen sus relaciones espaciales con la capa precedente.

En una red neuronal convolucional, las conexiones son dispersas porque cada activación en una capa determinada depende de un área espacial limitada de la capa precedente. Salvo las dos o tres últimas capas, todas las demás mantienen su configuración espacial. Esto permite visualizar espacialmente qué partes de una imagen influyen en secciones específicas de las activaciones dentro de una capa. Las capas de nivel inferior identifican formas básicas, como líneas, mientras que las capas de nivel superior reconocen formas más intrincadas, como bucles, que son comunes en muchos dígitos. En consecuencia, las capas posteriores pueden construir dígitos ensamblando estas características. Este enfoque ejemplifica cómo la comprensión semántica de determinados dominios de datos crea arquitecturas innovadoras (O'shea & Nash, 2015). Además, una capa de submuestreo reduce las dimensiones espaciales de las capas promediando los valores en regiones locales de 2×2, comprimiéndolos efectivamente por un factor de dos. La figura 5 muestra la arquitectura.

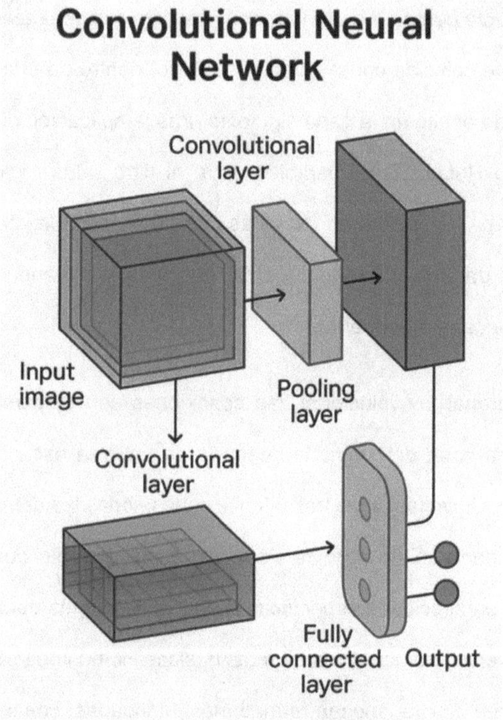


Figura 5. Arquitectura de una red convolucional.

Este proceso jerárquico de extracción de rasgos permite a la red captar tanto rasgos de bajo nivel, como bordes y texturas en las primeras capas, como rasgos más abstractos y de alto nivel en las capas más profundas. A medida que la red avanza en sus capas, puede combinar estas características más simples en representaciones cada vez más complejas y significativas, lo que le permite reconocer patrones y objetos intrincados dentro de la imagen de entrada. La incorporación de capas de submuestreo no sólo reduce la carga computacional, sino que también proporciona a la red una forma de invariancia espacial. Esto significa que la red es menos sensible a la posición exacta de las características dentro de la imagen, lo que le permite reconocer objetos, aunque aparezcan ligeramente desplazados o a diferentes escalas. Esta propiedad es especialmente valiosa en aplicaciones reales, en las que la posición y el tamaño de los objetos pueden variar considerablemente (Wu, 2017).

Las redes neuronales convolucionales han sido tradicionalmente las más eficaces entre todos los tipos de redes neuronales. Se utilizan ampliamente para tareas como el reconocimiento de imágenes, la detección y localización de objetos y el procesamiento de textos. Las redes neuronales convolucionales ejemplifican la importancia de tomar decisiones de diseño arquitectónico en las redes neuronales, con un profundo conocimiento del dominio de datos relevante. En concreto, el diseño de las redes neuronales convolucionales se inspiró en el estudio de los procesos biológicos de la corteza visual de un gato y en el aprovechamiento de las relaciones espaciales entre píxeles (Wu, 2017). Esta observación también sugiere que los conocimientos de la neurociencia podrían ser beneficiosos para el avance de los métodos de inteligencia artificial.

### 1.4. Aprendizaje por refuerzo

En las formas generales de inteligencia artificial, las redes neuronales deben adaptarse para actuar en entornos dinámicos y en constante cambio. Esto es evidente en los robots que aprenden y en los vehículos autónomos. En tales escenarios, un supuesto fundamental es que el sistema de aprendizaje comienza sin ningún conocimiento previo de la secuencia correcta de acciones, y en su lugar aprende mediante el refuerzo basado en recompensas a medida que realiza diversas acciones. Estos procesos de aprendizaje implican secuencias de acciones dinámicas que resultan difíciles de modelizar mediante técnicas tradicionales de aprendizaje automático. La hipótesis principal es que, si bien estos sistemas son demasiado complejos para modelarlos explícitamente, son lo bastante sencillos para evaluarlos, lo que permite asignar un valor de recompensa a cada acción realizada por el alumno. El aprendizaje por refuerzo es similar a enseñar a una computadora a jugar a un videojuego sin explicarle antes las reglas. El ordenador aprende probando distintas acciones y observando qué funciona mejor. Este método es útil porque los videojuegos son similares a las situaciones de la vida real, donde hay demasiados escenarios posibles para enumerarlos. El reto consiste en determinar qué es importante en cada situación para tomar la mejor decisión, como en la vida real (Qiang & Zhongli, 2011).

Además, como se empieza sin comprender las reglas, el sistema de aprendizaje debe recopilar datos a través de sus acciones, de forma similar a como una hormiga navega por los rastros de feromona para comprender su trazado. Por tanto, los datos recogidos están muy influidos por las acciones del usuario, lo que crea un entorno de aprendizaje especialmente difícil. Entrenar con éxito las técnicas de aprendizaje por refuerzo es un paso crucial en los sistemas de autoaprendizaje, que se consideran el objetivo último de la inteligencia artificial (Hessel et al., 2020).

Este planteamiento también pone de relieve la adaptabilidad de los sistemas de aprendizaje por refuerzo, ya que pueden aplicarse a una amplia gama de entornos complejos y dinámicos más allá de los videojuegos. La capacidad de aprender y tomar decisiones en situaciones inciertas y en constante cambio es una característica clave que hace que el aprendizaje por refuerzo sea especialmente valioso en campos como la robótica, los vehículos autónomos y el comercio financiero. Además, la naturaleza iterativa del aprendizaje por refuerzo imita la forma en que los humanos aprenden por ensayo y error, lo que lo convierte en una vía prometedora para el desarrollo de sistemas de IA similares a los humanos. A medida que estas técnicas sigan mejorando, pueden dar lugar a avances significativos en la inteligencia artificial general, permitiendo potencialmente a las máquinas abordar una gama más amplia de tareas y problemas con una intervención humana mínima (Park & Park, 2020).

Las aplicaciones potenciales del aprendizaje por refuerzo van mucho más allá de su aplicación actual, con posibilidades emergentes en ámbitos como la sanidad, la gestión de la energía y la educación personalizada. En la atención sanitaria, los algoritmos de aprendizaje por refuerzo pueden utilizarse para optimizar los planes de tratamiento de pacientes concretos adaptándose a sus respuestas únicas y a la evolución de sus condiciones (Liu et al., 2017). En el campo de la gestión energética, estos sistemas pueden ayudar a equilibrar la oferta y la demanda en redes inteligentes, maximizar la eficiencia y reducir el despilfarro (Fu et al., 2022). El desarrollo de técnicas de aprendizaje por refuerzo más sofisticadas también puede conducir a avances en la comprensión y reproducción de la cognición humana. Estudiando cómo aprenden y toman decisiones estos sistemas de IA, los investigadores pueden obtener nuevos conocimientos sobre los mecanismos del aprendizaje humano y los procesos de toma de decisiones. Esto podría servir de base para el diseño de estrategias educativas más eficaces y contribuir a los avances en las ciencias cognitivas y neurocientíficas.

Estos sistemas de IA también pueden aplicarse para optimizar el almacenamiento y la distribución de energía, revolucionando potencialmente la integración de las energías renovables en las redes eléctricas existentes. Los algoritmos de aprendizaje por refuerzo pueden mejorar significativamente la fiabilidad y sostenibilidad de nuestra infraestructura energética adaptándose continuamente a las condiciones cambiantes y prediciendo los patrones de consumo de energía (Fu et al., 2022). Además, la aplicación del aprendizaje por refuerzo a la ciencia cognitiva podría conducir al desarrollo de modelos computacionales más precisos del comportamiento humano y la toma de decisiones. Esto podría tener implicaciones de gran alcance para campos como la psicología, la neurología y la economía, ofreciendo potencialmente nuevas perspectivas sobre fenómenos sociales complejos e interacciones humanas.

Las aplicaciones potenciales del aprendizaje por refuerzo van más allá de las ciencias energéticas y cognitivas, ofreciendo vías prometedoras para la innovación en la asistencia sanitaria y la medicina personalizada. Estos sistemas de IA podrían emplearse para analizar grandes cantidades de datos de pacientes, predecir la progresión de enfermedades y recomendar planes de tratamiento a medida, revolucionando potencialmente el enfoque de la atención al paciente y mejorando los resultados sanitarios. En el ámbito de los sistemas autónomos, los algoritmos de aprendizaje reforzado pueden impulsar los avances en robótica y vehículos autoconducidos (García et al.,2019). Al aprender continuamente de su entorno y adaptarse a nuevos escenarios, estos sistemas basados en IA pueden mejorar la seguridad, la eficiencia y la capacidad de toma de decisiones en situaciones complejas del mundo real.

## CAPITULO II

### 2. Entrenamiento y desarrollo de aplicación de clasificación para detección de enfermedades de plantas

Entrenamiento para la clasificación de enfermedades de plantas de ají pimiento, papa y toma, mediante redes neuronales convolucionales.

El propósito de este proyecto es entrenar un modelo de red neuronal convolucional mediante MobileNetV2.

Este proyecto está dividido en dos secciones. La primera sección corresponde al entramiento de una red neuronal convolucional, guardado del modelo entrenado y uso del mismo. La segunda sección corresponde a utilizar el modelo entrenado en una aplicación web en Flask, que sea capaz de cargar una imagen desde la computadora, utilizar el modelo y generar la predicción.

Recursos:

Google Colab

https://colab.research.google.com/

Dataset de Plant Village de Kaggle

https://www.kaggle.com/datasets/arjuntejaswi/plant-village/data

Requisitos adicionales:

Tener instalado Python en su computadora local, como mínimo la versión 3.11.5.

https://www.python.org/downloads/release/python-3115/

Tener instalado la versión Tensorflow 2.15.0, como mínimo.

https://www.tensorflow.org/install?hl=es-419

Tener el gestor de paquetes de Python pip en la versión 25.0.1, como mínimo.

Recomiendo usar este enlace para hacer la instalación:
https://phoenixnap.com/kb/install-pip-windows

### 2.1. Primera sección entrenamiento de la red neuronal convolucional

Escriba en el navegador de su preferencia Google Colab

O copie la siguiente dirección:

https://colab.research.google.com/

Le debe aparecer el sitio web de Google colab, tal y como se aprecia en la figura 1.

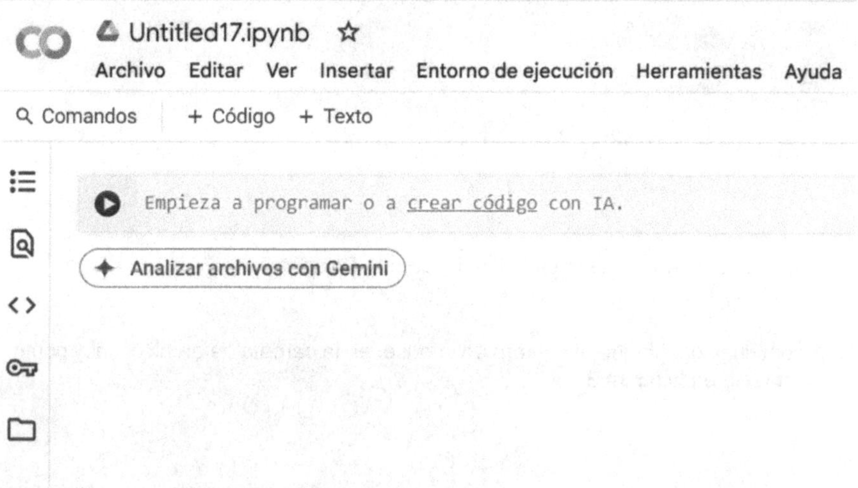


Figura 1. Sitio web de Google Colab.

A continuación, haga clic en Archivo, Cuaderno nuevo en Drive, como se aprecia en la figura 2.

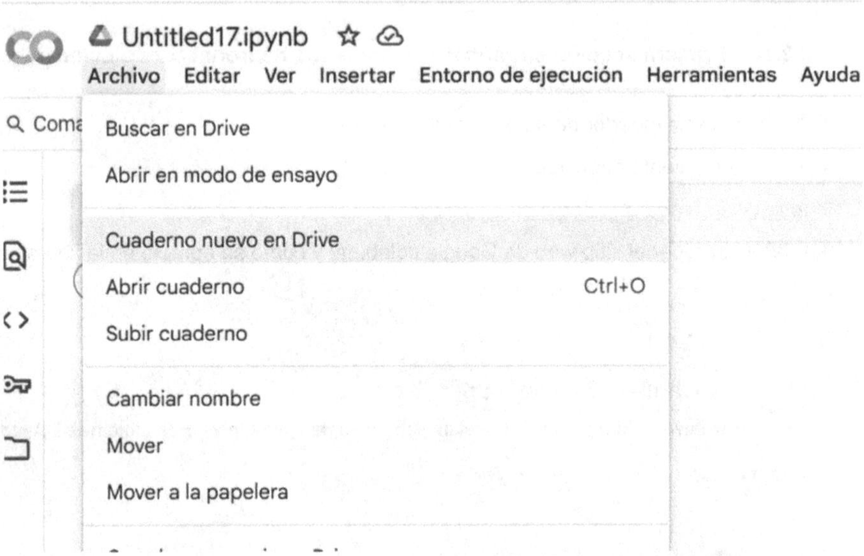


Figura 2. Cuaderno nuevo en Drive de Google Colab.

A continuación, ubique el puntero del mouse, en la carpeta de archivos tal y como se aprecia en la figura 3.

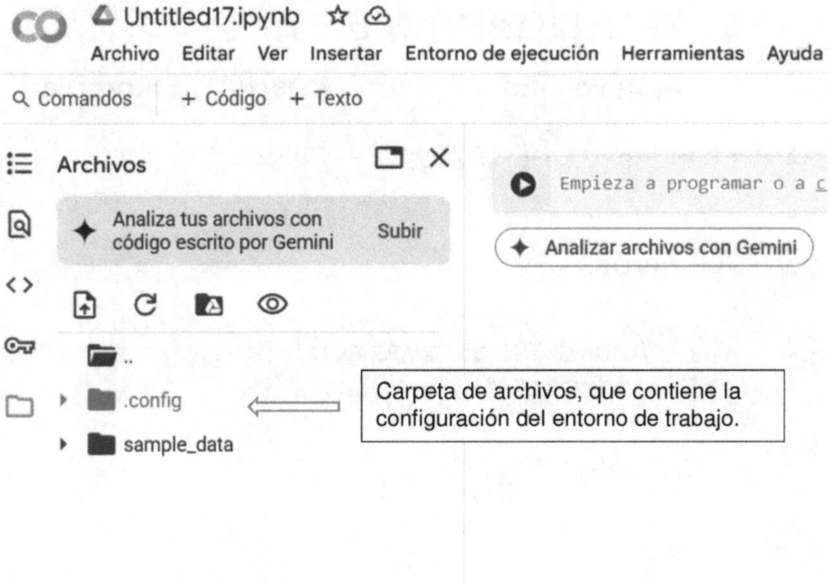


Figura 3. Carpeta de archivos.

A continuación, una vez cargue esa carpeta, deben salir las siguientes subcarpetas:

- config
- sample_data

Tal y como se aprecia en la figura 4.

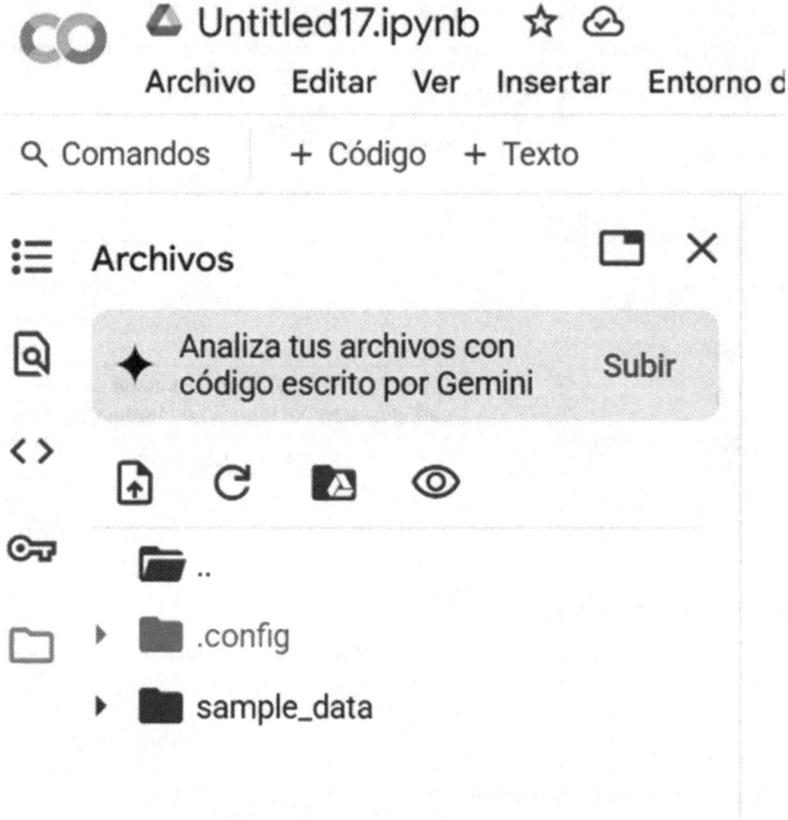


Figura 4. Subcarpetas del entorno de trabajo.

A continuación, si hacemos clic en la carpeta config, veremos unas subcarpetas de configuración al igual que archivos. Normalmente estos archivos y carpetas no se tocan, como se puede apreciar en la figura 5.

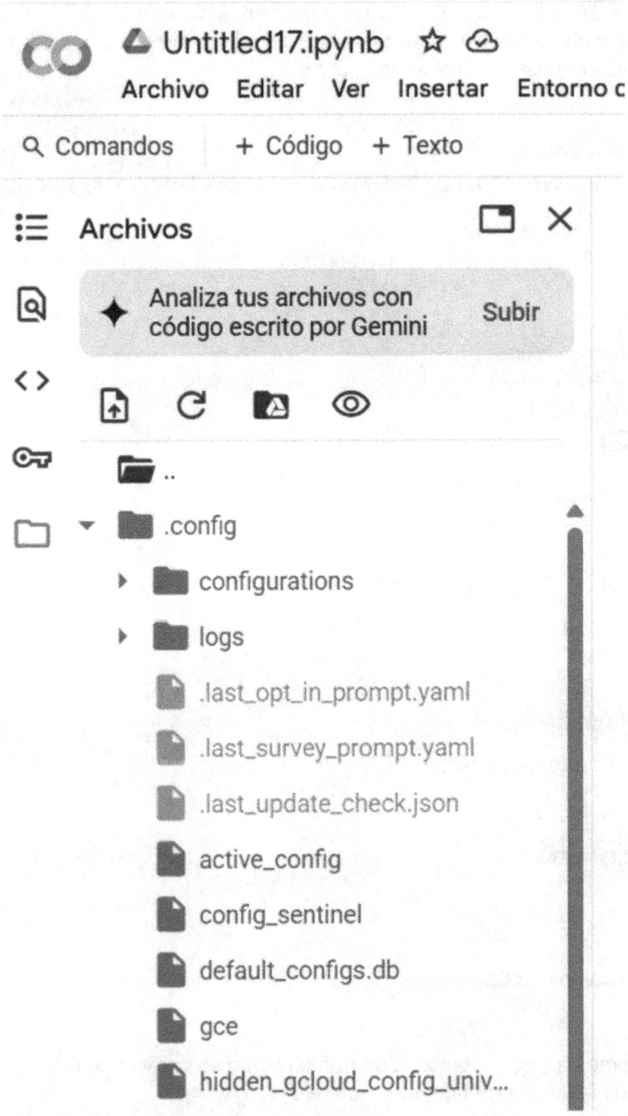


Figura 5. Subcarpetas de configuración.

A continuación, si queremos observar que se encuentra en la carpeta sample_data, hacemos clic sobre ella y veremos un conjunto de archivos csv para hacer entrenamientos, como se aprecia en la figura 6.

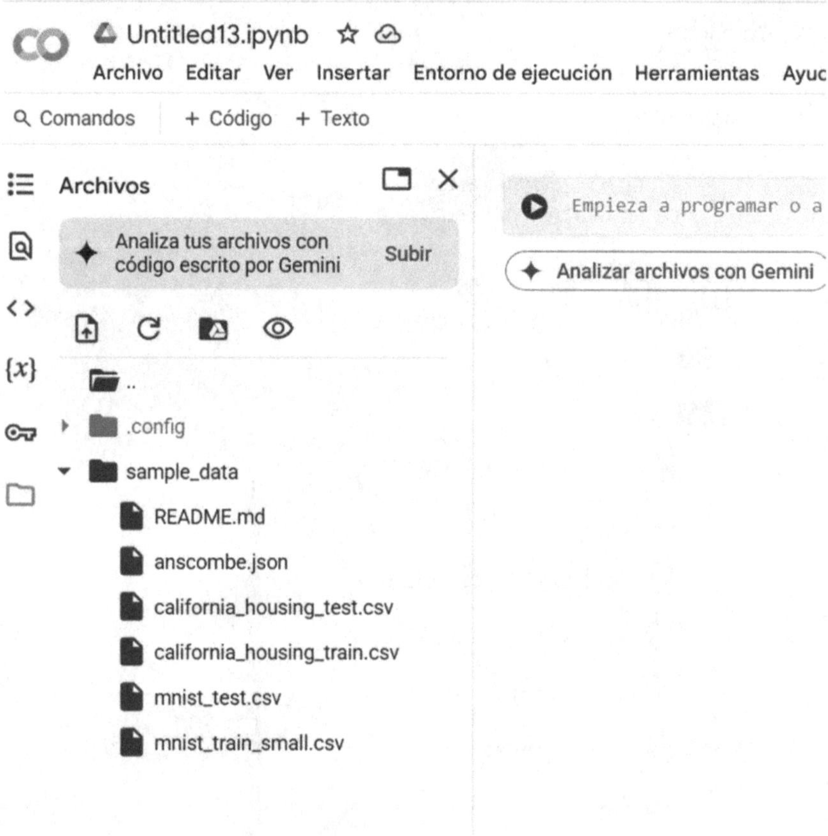


Figura 6. Subcarpeta sample_data

A continuación, volvemos a dejar el entorno de trabajo como se aprecia en la figura 7, la idea es que las subcarpetas estén contraídas.

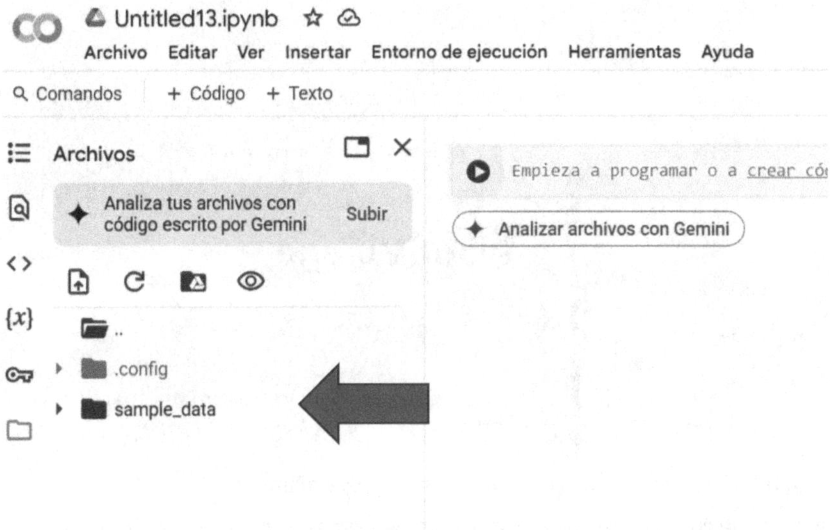


Figura 7. Área de trabajo en el directorio de Google Colab.

A continuación, iremos al sitio web de Kaggle, para descargar el conjunto de imágenes para el entrenamiento de enfermedades de plantas, que para este caso son tomate, ají pimiento y papas. De (Tejaswi, 2019)

Este es el enlace: https://www.kaggle.com/datasets/arjuntejaswi/plant-village/data, es importante resaltar que para poder hacer la descarga usted debe haber creado una cuenta en esta plataforma, por tanto, se le invita al lector crear la cuenta y posteriormente hacer clic en el enlace. Una vez registrado y haber hecho clic en el enlace anterior, haga clic en download, tal y como se aprecia en la figura 8.

Figura 8. Descarga del conjunto de imágenes para entrenar.

A continuación, diríjase a la carpeta de descargas y haga clic sobre el archivo comprimido plant-village, tal y como se aprecia en la figura 9.

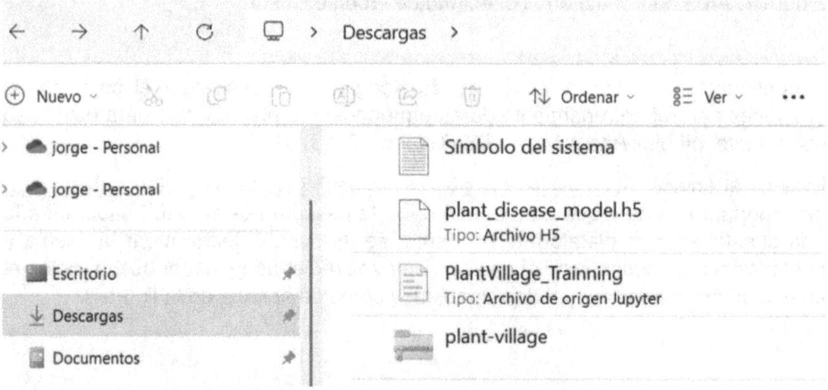


Figura 9. Archivo comprimido plant-village.

A continuación, regrese al entorno de trabajo de Google Colab. Póngale un nombre al proyecto como por ejemplo plant diseases, como se aprecia en la figura 10.

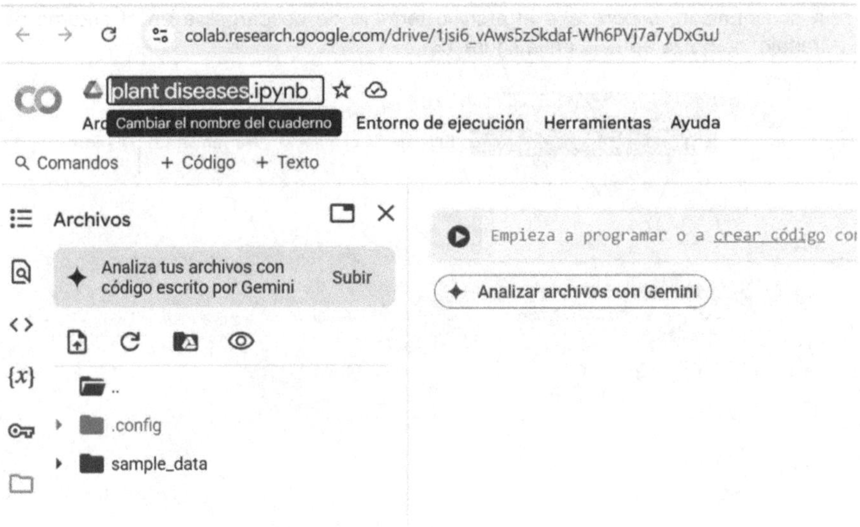


Figura 10. Asignación de nombre al proyecto.

A continuación, regrese a la carpeta de descargas y arrastre el archivo plant-village y lo suelta debajo de la carpeta sample_data, como se aprecia en la figura 11.

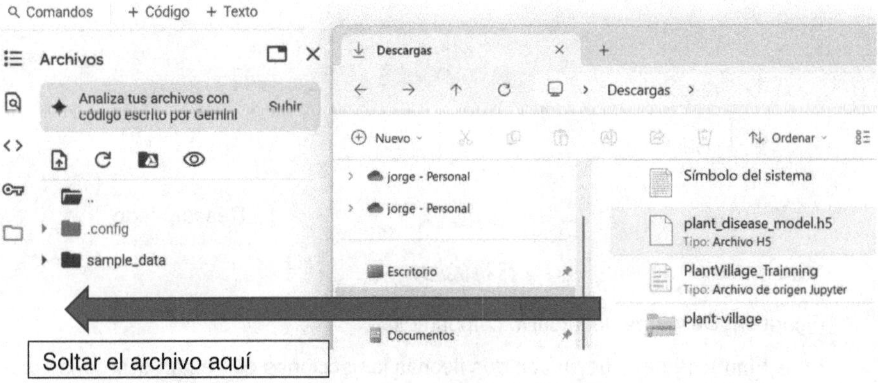


Figura 11. Arrastrar el archivo a la carpeta de trabajo.

Una vez arrastre el archivo, le debe aparecer un mensaje que le indican que tiene que tener una copia por precaución, haga clic en aceptar como se aprecia en la figura 12.

A continuación, espere que el archivo termine de descargarse en el entorno de trabajo, como se aprecia en la figura 12.

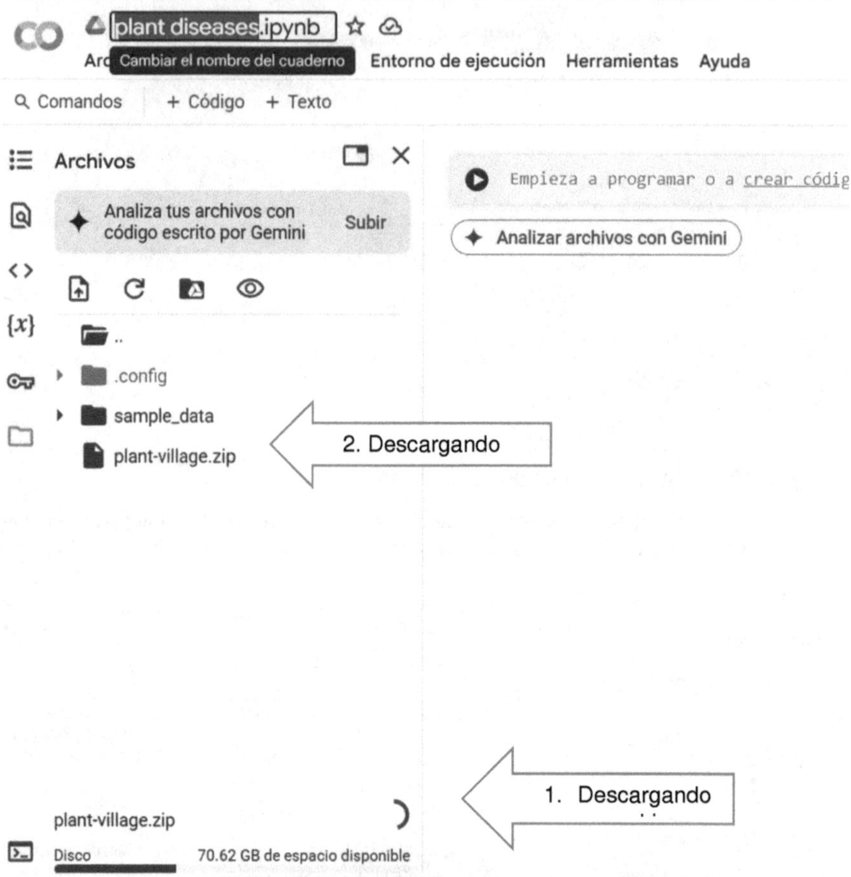


Figura 12. Descarga del archivo comprimido.

En la Figura 12 se señalan con dos flechas las acciones que están ocurriendo una vez usted arrastre el archivo comprimido. La primera flecha es un circulo que debe llenarse completamente y posteriormente desaparecer, lo que significa que el archivo se ha descargado satisfactoriamente. La segunda flecha corresponde al archivo que se está descargando.

A continuación, agregaremos la siguiente línea de código:

```
!unzip plant-village.zip -d plant_village
```

Lo debes hacer en la siguiente ubicación, tal y como se aprecia en la figura 13.

Figura 13. Insertando código en el entorno de ejecución.

Una vez agregada la primera línea de código, haga clic en la flecha de color negro que se aprecia en la figura 14.

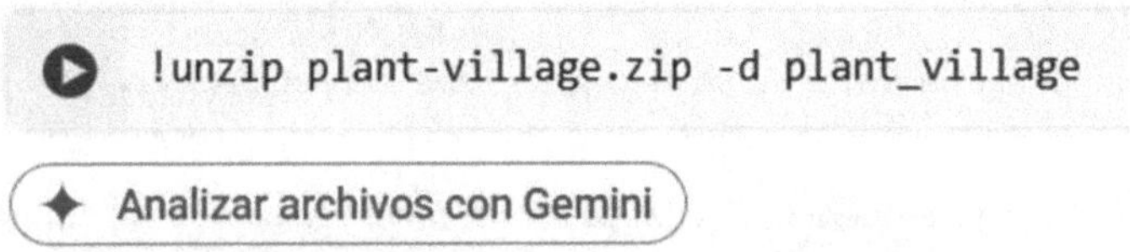


Figura 14. Ejecución para la descompresión del archivo.

Explicación para esta línea de código:

1. !: Indica que es un comando de sistema (no código Python). Se usa en entornos como Jupyter Notebook o Google Colab para ejecutar comandos de terminal.
2. unzip: Comando para extraer archivos ZIP en sistemas Unix/Linux.
3. plant-village.zip: Nombre del archivo comprimido que se va a descomprimir.
4. -d plant_village:
    - -d: Flag para especificar directorio destino.
    - plant_village: Carpeta donde se guardarán los archivos extraídos (se creará automáticamente si no existe).

**¿Qué hace exactamente?:**

1. Toma el archivo ZIP plant-village.zip
2. Crea una carpeta llamada plant_village
3. Extrae todo su contenido dentro de esta carpeta

Este comando prepara los datos brutos que luego serán filtrados por el script de Python que mostraste previamente. La ruta /content/plant_village/PlantVillage/ usada en data_dir del código anterior depende directamente de la ejecución exitosa de este comando.

**Notas importantes:**

1. Requiere que el archivo plant-village.zip exista en el directorio actual
2. Si la carpeta plant_village ya existe, sobreescribirá archivos con el mismo nombre
3. Es típicamente el primer paso en un flujo de trabajo con datasets de imágenes
4. En entornos locales (fuera de Colab) se usaría sin el ! en la terminal normal

Una vez ejecutada esa instrucción empieza el proceso de descompresión tal y como se observa en la figura 15.

Figura 15. Proceso de descompresión del archivo de entrenamiento y prueba.

A continuación, una vez termine este proceso, haga clic en el botón +código, tal y como se aprecia en la figura 16.

```
Se han truncado las últimas 5000 líneas del flujo de salida.
  inflating: plant_village/PlantVillage/Tomato__Tomato_YellowLeaf__Curl_Virus/08c033b
  inflating: plant_village/PlantVillage/Tomato__Tomato_YellowLeaf__Curl_Virus/08dd176
  inflating: plant_village/PlantVillage/Tomato__Tomato_YellowLeaf__Curl_Virus/08f78a8
  inflating: plant_village/PlantVillage/Tomato__Tomato_YellowLeaf__Curl_Virus/0903aa9
  inflating: plant_village/PlantVillage/Tomato__Tomato_YellowLeaf__Curl_Virus/0911d41
  inflating: plant_village/PlantVillage/Tomato__Tomato_YellowLeaf__Curl_Virus/0918883
  inflating: plant_village/PlantVillage/Tomato__Tomato_YellowLeaf__Curl_Virus/0922e02
  inflating: plant_village/PlantVillage/Tomato__Tomato_YellowLeaf__Curl_Virus/092330d
```

Figura 16. Adicionando nuevas líneas de código

A continuación, agregue las siguientes líneas de código:

```
#Definición de clases para el entrenamiento
import os
import shutil
data_dir = '/content/plant_village/PlantVillage/'
classes_to_keep = ['Pepper__bell___Bacterial_spot', 'Pepper__bell___healthy',
                   'Potato___Early_blight', 'Potato___Late_blight', 'Potato___healthy',
                   'Tomato_Bacterial_spot', 'Tomato_Early_blight',
'Tomato_Late_blight',
                   'Tomato_Leaf_Mold', 'Tomato_Septoria_leaf_spot',
                   'Tomato_Spider_mites_Two_spotted_spider_mite',
                   'Tomato__Target_Spot',
'Tomato__Tomato_YellowLeaf__Curl_Virus',
                   'Tomato__Tomato_mosaic_virus', 'Tomato_healthy']

filtered_dir = 'filtered_data'
os.makedirs(filtered_dir, exist_ok=True)

for class_name in classes_to_keep:
    src = os.path.join(data_dir, class_name)
    dst = os.path.join(filtered_dir, class_name)
    #shutil.copytree(src, dst)
    shutil.copytree(src, dst, dirs_exist_ok=True)
```

Explicación de las líneas de código:

1. Importación de módulos

```
import os
import shutil
```

- os: Módulo para operaciones del sistema operativo (manejo de rutas, directorios).
- shutil: Módulo para operaciones avanzadas de archivos/directorios (copiar, mover, eliminar).

---

2. Definición de rutas y clases

```
data_dir = '/content/plant_village/PlantVillage/'
classes_to_keep = ['Pepper__bell___Bacterial_spot', ...]
```

- data_dir: Ruta absoluta del dataset original (estructura de carpetas por clases).
- classes_to_keep: Lista de nombres de directorios/clases a preservar. Cada entrada corresponde a una categoría de planta y su estado (ej: "Tomato_Early_blight" = "Tizón temprano en tomate").

3. Preparación del directorio destino

```
filtered_dir = 'filtered_data'
os.makedirs(filtered_dir, exist_ok=True)
```

- filtered_dir: Nombre del directorio donde se guardarán los datos filtrados.
- os.makedirs(): Crea el directorio destino.
    - exist_ok=True: Evita errores si el directorio ya existe (no sobreescribe datos previos).

4. Filtrado y copia de datos

```
for class_name in classes_to_keep:
  src = os.path.join(data_dir, class_name) # Ruta origen
  dst = os.path.join(filtered_dir, class_name) # Ruta destino
  shutil.copytree(src, dst, dirs_exist_ok=True)
```

Detalle del bucle:

1. Iteración por clase: Para cada categoría en classes_to_keep:
    - src: Construye la ruta completa de origen (ej: /content/plant_village/PlantVillage/Tomato_Early_blight)
    - dst: Construye la ruta completa de destino (ej: filtered_data/Tomato_Early_blight)
2. shutil.copytree():
    - Copia recursivamente todo el contenido del directorio origen al destino.
    - dirs_exist_ok=True: Permite sobreescribir directorios existentes (requiere Python ≥3.8).

Flujo de trabajo completo

| Paso | Acción | Ejemplo de Ruta |
|---|---|---|
| 1 | Directorio origen | /content/plant_village/PlantVillage/Tomato_Early_blight |
| 2 | Directorio destino | filtered_data/Tomato_Early_blight |
| 3 | Resultado | Copia de todas las imágenes .jpg y metadatos de la clase |

A continuación, haga clic en el botón ejecutar como se aprecia en la figura 17.

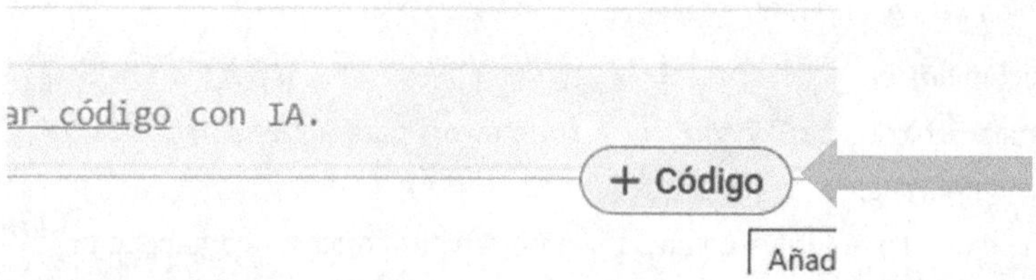


Figura 17. Ejecución de la sección de definición de las clases.

A continuación, haga clic en + Código. Adicione las siguientes líneas de código:

```
!pip install tensorflow
from tensorflow.keras.preprocessing.image import ImageDataGenerator

img_size = 224
batch_size = 32

datagen = ImageDataGenerator(
    validation_split=0.2,
    rescale=1./255,
    rotation_range=20,
    horizontal_flip=True,
    zoom_range=0.2
)

train_gen = datagen.flow_from_directory(
    filtered_dir,
    target_size=(img_size, img_size),
    batch_size=batch_size,
    class_mode='categorical',
    subset='training'
)

val_gen = datagen.flow_from_directory(
    filtered_dir,
    target_size=(img_size, img_size),
    batch_size=batch_size,
    class_mode='categorical',
    subset='validation'
)
```

Explicación de esta sección del código:

*1. Instalación de TensorFlow*

!pip install tensorflow

- Instala la biblioteca TensorFlow, un framework para entrenar modelos de redes neuronales.
- El ! se usa en entornos como Jupyter/Colab para ejecutar comandos de terminal.

*2. Importación del generador de imágenes*

```
from tensorflow.keras.preprocessing.image import ImageDataGenerator
```

- Importa la clase ImageDataGenerator de Keras, diseñada para preprocesar y aumentar datos de imágenes de forma eficiente durante el entrenamiento.

*3. Configuración de parámetros*

```
img_size = 224
batch_size = 32
```

- img_size = 224: Redimensiona las imágenes a 224x224 píxeles (tamaño estándar para modelos como ResNet o MobileNet).
- batch_size = 32: Número de imágenes que se procesarán juntas en cada paso del entrenamiento.

*4. Creación del generador de datos con aumentación*

```
datagen = ImageDataGenerator(
    validation_split=0.2,
    rescale=1./255,
    rotation_range=20,
    horizontal_flip=True,
    zoom_range=0.2
)
```

- validation_split=0.2: Reserva un 20% de los datos para validación (80% para entrenamiento).
- rescale=1./255: Normaliza los valores de píxeles al rango [0, 1]
- Aumentación de datos (solo aplicada al conjunto de entrenamiento):
    - rotation_range=20: Rota imágenes aleatoriamente hasta ±20 grados.
    - horizontal_flip=True: Voltea imágenes horizontalmente aleatoriamente.
    - zoom_range=0.2: Aplica zoom aleatorio (hasta un 20%).

*5. Generadores para entrenamiento y validación*

```
train_gen = datagen.flow_from_directory(
    filtered_dir,
    target_size=(img_size, img_size),
```

```
    batch_size=batch_size,
    class_mode='categorical',
    subset='training'
)

val_gen = datagen.flow_from_directory(
    filtered_dir,
    target_size=(img_size, img_size),
    batch_size=batch_size,
    class_mode='categorical',
    subset='validation'
)
```

Parámetros comunes**:**

- filtered_dir: Directorio con las imágenes filtradas (creado en el código anterior).
- target_size=(img_size, img_size): Redimensiona las imágenes al tamaño especificado.
- batch_size: Mantiene el mismo valor definido previamente.
- class_mode='categorical': Indica que las etiquetas son one-hot encoded (para clasificación multiclase).
- subset: Selecciona el subconjunto (training o validation) según la división del 80/20.

A continuación, haga clic en el botón ejecutar de la sección de código adicionada. Debe salir, las instalaciones tal y como se aprecia en la figura 18.

```
Requirement already satisfied: tensorflow in /usr/local/lib/python3.11/dist-packages (2.18.0)
Requirement already satisfied: absl-py>=1.0.0 in /usr/local/lib/python3.11/dist-packages (from tensorflow) (1.4.0)
Requirement already satisfied: astunparse>=1.6.0 in /usr/local/lib/python3.11/dist-packages (from tensorflow) (1.6.3)
Requirement already satisfied: flatbuffers>=24.3.25 in /usr/local/lib/python3.11/dist-packages (from tensorflow) (25.2.1
Requirement already satisfied: gast!=0.5.0,!=0.5.1,!=0.5.2,>=0.2.1 in /usr/local/lib/python3.11/dist-packages (from tens
Requirement already satisfied: google-pasta>=0.1.1 in /usr/local/lib/python3.11/dist-packages (from tensorflow) (0.2.0)
Requirement already satisfied: libclang>=13.0.0 in /usr/local/lib/python3.11/dist-packages (from tensorflow) (18.1.1)
Requirement already satisfied: opt-einsum>=2.3.2 in /usr/local/lib/python3.11/dist-packages (from tensorflow) (3.4.0)
```

Figura 18. Ejecución de las líneas de generación de imagen e instalación de tensorflow

A continuación, haga clic en + Código

Adicione las siguientes líneas de código:

```
from tensorflow.keras.applications import MobileNetV2
from tensorflow.keras import layers, models

base_model = MobileNetV2(input_shape=(img_size, img_size, 3),
include_top=False, weights='imagenet')
base_model.trainable = False

model = models.Sequential([
   base_model,
   layers.GlobalAveragePooling2D(),
   layers.Dense(256, activation='relu'),
   layers.Dropout(0.3),
   layers.Dense(train_gen.num_classes, activation='softmax')
])

model.compile(optimizer='adam', loss='categorical_crossentropy',
metrics=['accuracy'])
model.summary()
```

Explicación de esta sección del código:

1. Importación de componentes de Keras

```
from tensorflow.keras.applications import MobileNetV2
from tensorflow.keras import layers, models
```

- MobileNetV2: Modelo pre-entrenado de visión por computadora, ligero y eficiente (diseñado para dispositivos móviles).
- layers: Contiene capas para construir redes neuronales (como Dense, Dropout).
- models: Permite crear modelos secuenciales o funcionales.

2. Carga del modelo base (Transfer Learning)

```
base_model = MobileNetV2(
   input_shape=(img_size, img_size, 3),  # (224,224,3) para imágenes RGB
   include_top=False,                    # Excluye las capas finales del modelo original
   weights='imagenet'                    # Usa pesos pre-entrenados en ImageNet
)
```

```
base_model.trainable = False            # Congela las capas del modelo base
```

- Transfer Learning: Se reutiliza un modelo pre-entrenado (MobileNetV2) como extractor de características.
- include_top=False: Elimina las capas finales de clasificación del modelo original (para adaptarlo a un nuevo problema).
- weights='imagenet': Inicializa el modelo con pesos aprendidos en el dataset ImageNet.
- trainable=False: Las capas de MobileNetV2 no se actualizarán durante el entrenamiento (ahorro de recursos computacionales).

3. Construcción del modelo personalizado

```
model = models.Sequential([
    base_model,                    # Modelo base (MobileNetV2 congelado)
    layers.GlobalAveragePooling2D(),    # Reduce dimensiones espaciales a un ve
ctor
    layers.Dense(256, activation='relu'), # Capa oculta con 256 neuronas
    layers.Dropout(0.3),             # Regularización (apaga el 30% de neuronas en
entrenamiento)
    layers.Dense(train_gen.num_classes, activation='softmax') # Capa de salida
])
```

Capas clave:

1. GlobalAveragePooling2D():
   - Convierte la salida 4D de MobileNetV2 (ej: (batch, 7, 7, 1280)) a 2D ((batch, 1280)).
   - Promedia los valores en cada canal espacial (alternativa a Flatten() más eficiente).
2. Dense(256, activation='relu'):
   - Capa totalmente conectada para aprender patrones específicos del nuevo problema.
   - relu (Rectified Linear Unit): Función de activación no lineal.
3. Dropout(0.3):

- Desactiva aleatoriamente el 30% de las neuronas durante el entrenamiento.
- Previene el sobreajuste (*overfitting*).

4. Dense(... activation='softmax'):
   - Capa de salida con tantas neuronas como clases haya (train_gen.num_classes).
   - softmax: Convierte salidas a probabilidades (rango [0,1] que suman 1).

4. Compilación del modelo

```
model.compile(
  optimizer='adam',             # Algoritmo de optimización (adaptativo)
  loss='categorical_crossentropy',# Función de pérdida para clasificación múltiple
  metrics=['accuracy']          # Métrica de evaluación durante el entrenamiento
)
```

- optimizer='adam': Variante del descenso de gradiente estocástico, eficiente y popular.
- loss='categorical_crossentropy': Mide la discrepancia entre predicciones y etiquetas one-hot.
- metrics=['accuracy']: Porcentaje de clasificaciones correctas.

A continuación, haga clic en el botón ejecutar de la sección del código, debe verse como se aprecia en la figura 19.

```
Downloading data from https://storage.googleapis.com/tensorflow/keras-applicatic
9406464/9406464 ━━━━━━━━━━━━━━━━━━━━ 0s 0us/step
Model: "sequential"
```

| Layer (type) | Output Shape | Param # |
|---|---|---|
| mobilenetv2_1.00_224 (Functional) | (None, 7, 7, 1280) | 2,257,984 |
| global_average_pooling2d (GlobalAveragePooling2D) | (None, 1280) | 0 |
| dense (Dense) | (None, 256) | 327,936 |
| dropout (Dropout) | (None, 256) | 0 |
| dense_1 (Dense) | (None, 15) | 3,855 |

```
Total params: 2,589,775 (9.88 MB)
Trainable params: 331,791 (1.27 MB)
Non-trainable params: 2,257,984 (8.61 MB)
```

Figura 19. Ejecución de MobileNetV2 para aprendizaje por transferencia.

A continuación, haga clic en +Código e introduzca las siguientes líneas de código:

```
history = model.fit(train_gen, validation_data=val_gen, epochs=10)
model.save('plant_disease_model.h5')
```

Explicación de la sección del código:

*1. Entrenamiento del modelo*

```
history = model.fit(
    train_gen,              # Generador de datos de entrenamiento
    validation_data=val_gen, # Generador de datos de validación
    epochs=10               # Número de iteraciones completas sobre el dataset
)
```

- Entrena el modelo durante 10 épocas (pases completos a través del dataset de entrenamiento).
- Flujo de trabajo en cada época:
    1. Entrenamiento:
        - Lee lotes de datos de train_gen (32 imágenes por lote, según el código anterior).

- Ajusta los pesos del modelo (solo en las capas añadidas, ya que base_model está congelado).

2. Validación:
    - Evalúa el modelo con el generador val_gen al final de cada época.
    - Calcula la pérdida (*loss*) y precisión (*accuracy*) en datos no vistos.

Parámetros clave:

- train_gen: Generador que provee imágenes aumentadas y etiquetas de entrenamiento.
- validation_data=val_gen: Datos usados para monitorear el rendimiento general del modelo.
- epochs=10: Número de veces que el modelo verá todo el dataset de entrenamiento.

Objeto history:

- Almacena un registro de las métricas durante el entrenamiento (ej: history.history['accuracy'], history.history['val_loss']).
- Útil para visualizar curvas de aprendizaje o analizar sobreajuste (*overfitting*).

*2. Guardado del modelo entrenado*

model.save('plant_disease_model.h5')

- Guarda el modelo completo en un archivo llamado plant_disease_model.h5 (formato HDF5 de Keras).
- Incluye:
    - Arquitectura del modelo (capas y conexiones).
    - Pesos entrenados de todas las capas.
    - Configuración del optimizador (para continuar entrenando si es necesario).

- Métricas y funciones de pérdida.

Importancia

- Reutilización: Permite cargar el modelo más tarde sin necesidad de reentrenar.
- Despliegue: Facilita la integración en aplicaciones o APIs.
- Portabilidad: El archivo .h5 puede compartirse o ejecutarse en otros entornos.

A continuación, haga clic en el botón ejecutar de esa sección del código, le debe aparecer las épocas de entrenamiento. Este proceso puede tardar entre 30 minutos y una hora, dependiente de la GPU o CPU utilizada. En la figura 20, se puede apreciar el resultado.

```
/usr/local/lib/python3.11/dist-packages/keras/src/trainers/data_adapters/py_dataset_adapter.py:121: UserWarning: Your `Py
  self._warn_if_super_not_called()
Epoch 1/10
517/517 ━━━━━━━━━━━━━━━━━━━━ 252s 455ms/step - accuracy: 0.6593 - loss: 1.0909 - val_accuracy: 0.8680 - val_loss: 0.4097
Epoch 2/10
517/517 ━━━━━━━━━━━━━━━━━━━━ 217s 420ms/step - accuracy: 0.8484 - loss: 0.4613 - val_accuracy: 0.8882 - val_loss: 0.3231
Epoch 3/10
517/517 ━━━━━━━━━━━━━━━━━━━━ 217s 420ms/step - accuracy: 0.8736 - loss: 0.3725 - val_accuracy: 0.9044 - val_loss: 0.2922
Epoch 4/10
517/517 ━━━━━━━━━━━━━━━━━━━━ 217s 420ms/step - accuracy: 0.8900 - loss: 0.3157 - val_accuracy: 0.8891 - val_loss: 0.3329
Epoch 5/10
517/517 ━━━━━━━━━━━━━━━━━━━━ 215s 417ms/step - accuracy: 0.8923 - loss: 0.3145 - val_accuracy: 0.9051 - val_loss: 0.2858
Epoch 6/10
517/517 ━━━━━━━━━━━━━━━━━━━━ 214s 413ms/step - accuracy: 0.9026 - loss: 0.2877 - val_accuracy: 0.9085 - val_loss: 0.2669
Epoch 7/10
```

Figura 20. Ejecución de las épocas.

A continuación, haga clic en el botón +Código y adicione las siguientes líneas:

```
from google.colab import files
files.download('plant_disease_model.h5')
```

Explicación de estas líneas de código:

1. Importar el módulo files de Google Colab

from google.colab import files

- Propósito: Acceder a funciones específicas de Google Colab para manejar archivos.
- Contexto: Google Colab es un entorno de Jupyter Notebook alojado en la nube, por lo que los archivos creados durante una sesión se almacenan temporalmente en un servidor remoto (runtime). Este módulo permite interactuar con el sistema de archivos local del usuario (tu computadora).

---

2. Descargar el archivo del modelo

files.download('plant_disease_model.h5')

  - Descarga el archivo plant_disease_model.h5 (el modelo guardado previamente) desde el entorno de Colab a tu computadora local.
  - Inicia automáticamente una descarga en tu navegador, similar a cuando descargas cualquier archivo desde la web.

*Funcionamiento detallado:*

1. Ruta del archivo:
   - El archivo plant_disease_model.h5 debe estar en el directorio actual del entorno de Colab (generalmente /content/ si no se especifica otra ruta).
   - Si el modelo se guardó en otro directorio, debes usar la ruta completa (ej: files.download('/content/models/plant_disease_model.h5')).
2. Formato .h5:
   - Es el formato estándar de Keras para guardar modelos (arquitectura, pesos y configuración en un solo archivo).
3. Flujo en Google Colab:

- Al ejecutar files.download(), se muestra un diálogo de descarga en el navegador para guardar el archivo localmente.

*¿Por qué es necesario este código?*

- Temporalidad de Colab: Los archivos en el entorno de Colab se borran cuando:
    - El runtime se reinicia (Runtime → Restart runtime).
    - La sesión se cierra después de inactividad (~90 minutos).
    - Se desconecta manualmente.
- Preservar el trabajo: Si no descargas el modelo entrenado, lo perderás al finalizar la sesión.

A continuación, haga clic en el botón ejecutar de esta sección de código, le debe aparecer algo como se aprecia en la figura 21. Esto le permitirá descargar el archivo 'plant_disease_model.h5' en su computadora de forma local.

A continuación, haga clic en el botón +Código y adicione las siguientes líneas:

```
#probaremos  el modelo entrenado con una imagen

import numpy as np
from tensorflow.keras.models import load_model
from tensorflow.keras.preprocessing import image
from google.colab import files

# Cargar el modelo
model = load_model('plant_disease_model.keras')

# Subir la imagen
uploaded = files.upload()

for fn in uploaded.keys():
  # Preprocesar la imagen
  path = fn
  img = image.load_img(path, target_size=(224, 224))
  x = image.img_to_array(img)
  x = np.expand_dims(x, axis=0)
```

```
  x = x / 255.0  # Normalizar la imagen

  # Realizar la predicción
  images = np.vstack([x])
  classes = model.predict(images, batch_size=10)
  print(fn)
classes
```

Explicación de esta sección del código:

*1. Importación de bibliotecas*

```
import numpy as np
from tensorflow.keras.models import load_model
from tensorflow.keras.preprocessing import image
from google.colab import files
```

- numpy: Manipulación de arrays numéricos (necesario para preprocesar la imagen).
- load_model: Función para cargar el modelo guardado en formato Keras.
- image: Módulo para cargar y preprocesar imágenes.
- files: Módulo de Google Colab para subir archivos desde el dispositivo local.

*2. Cargar el modelo entrenado*

```
model = load_model('plant_disease_model.keras')
```

- Propósito: Carga el modelo guardado previamente (plant_disease_model.keras).
- Nota: Si el modelo fue guardado como .h5 (como en el código anterior), debería ser plant_disease_model.h5.

*3. Subir una imagen desde el dispositivo local*

```
uploaded = files.upload()
```

- files.upload(): Abre un diálogo en Google Colab para seleccionar una imagen desde tu computadora.

- Resultado: La imagen se guarda temporalmente en el entorno de Colab (en el directorio actual).

*4. Procesar cada imagen subida*

```
for fn in uploaded.keys():
    path = fn  # Obtiene el nombre/ruta del archivo subido
```

- uploaded.keys(): Lista de nombres de archivos subidos (soporta múltiples imágenes).
- Ejemplo: Si subes "tomate.jpg", fn será 'tomate.jpg'.

*5. Preprocesamiento de la imagen*

```
img = image.load_img(path, target_size=(224, 224))
x = image.img_to_array(img)
x = np.expand_dims(x, axis=0)
x = x / 255.0  # Normalización
```

- Pasos:
    1. image.load_img():
        - Carga la imagen desde la ruta.
        - Redimensiona a 224x224 píxeles (mismo tamaño usado en el entrenamiento).
    2. image.img_to_array(): Convierte la imagen a un array NumPy (shape: (224, 224, 3)).
    3. np.expand_dims(): Añade una dimensión extra al inicio (shape: (1, 224, 224, 3)), porque el modelo espera un batch de imágenes.
    4. x / 255.0: Normaliza los valores de píxeles al rango [0, 1] (igual que durante el entrenamiento).

*6. Realizar la predicción*

```
images = np.vstack([x])
classes = model.predict(images, batch_size=10)
```

- np.vstack([x]): Crea un batch de imágenes (aunque solo haya una imagen, el modelo requiere este formato).
- model.predict():

- Ejecuta la inferencia del modelo.
- batch_size=10: Número de muestras procesadas simultáneamente (no afecta aquí, ya que solo hay una imagen).

- Salida: classes será un array con las probabilidades para cada clase (ej: [0.01, 0.05, ..., 0.90]).

*7. Mostrar resultados*

```
print(fn)
print(classes)
```

- print(fn): Muestra el nombre del archivo procesado.
- print(classes): Imprime las probabilidades de predicción para cada clase.

A continuación, haga clic en el botón ejecutar de esta sección de código. En la figura 21, se observa que sale un botón para cargar la imagen.

```
/usr/local/lib/python3.11/dist-packages/keras/src/saving/saving_lib.py:757: UserWa
  saveable.load_own_variables(weights_store.get(inner_path))
Elegir archivos  Ningún archivo seleccionado Upload widget is only available when the cell has been
Saving ecf64cfc-d521-48af-bb48-06edc78074c5___GH_HL Leaf 323.JPG to ecf64cfc-d521
1/1 ━━━━━━━━━━━━━━━━━━━━ 3s 3s/step
ecf64cfc-d521-48af-bb48-06edc78074c5___GH_HL Leaf 323.JPG
array([[2.1028082e-10, 1.2224984e-09, 6.2690630e-11, 1.5484447e-10,
        2.3439879e-09, 9.5903970e-06, 8.0758190e-07, 8.8039872e-07,
        1.8708499e-07, 1.8959120e-04, 3.7196081e-04, 1.8536923e-03,
        9.2154897e-09, 4.5320967e-08, 9.9757320e-01]], dtype=float32)
```

Figura 21. Ejecución para la predicción.

Haga clic sobre el botón elegir archivo como se aprecia en la figura 21, busque dentro de su computadora la ubicación del archivo descomprimido de plant-village, tome la imagen que necesite y le da abrir, como se aprecia en la figura 22.

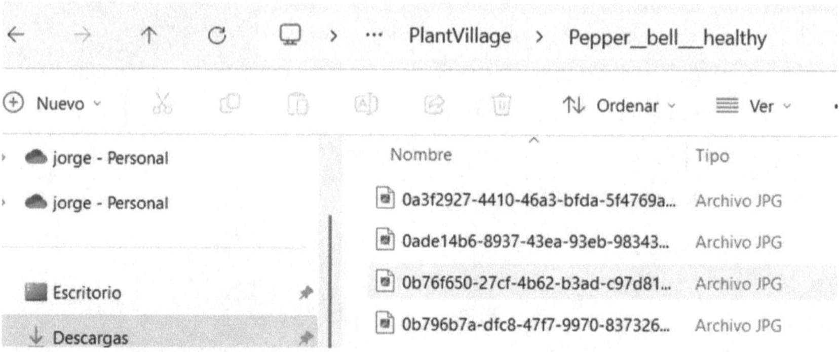


Figura 22. Carga de archivo para entrenamiento.

Al final sale una predicción como la que se aprecia en la figura 23.

```
Saving ecf64cfc-d521-48af-bb48-06edc78074c5___GH_HL Leaf 323.JPG to ecf64c
1/1 ━━━━━━━━━━━━━━━━━━━━ 3s 3s/step
ecf64cfc-d521-48af-bb48-06edc78074c5___GH_HL Leaf 323.JPG
array([[2.1028082e-10, 1.2224984e-09, 6.2690630e-11, 1.5484447e-10,
        2.3439879e-09, 9.5903970e-06, 8.0758190e-07, 8.8039872e-07,
        1.8708499e-07, 1.8959120e-04, 3.7196081e-04, 1.8536923e-03,
        9.2154897e-09, 4.5320967e-08, 9.9757320e-01]], dtype=float32)
```

Figura 23. Resultado de la predicción.

A continuación, haga clic en el botón +Código y agregue las siguientes líneas de código:

```
# Esta sección de código utiliza el modelo entrenado, para predecir la
enfermedad de la planta

import numpy as np
from tensorflow.keras.preprocessing import image

# Cargar el modelo (asegúrate de que 'plant_disease_model.h5' esté en el
mismo directorio o especifica la ruta correcta)
```

```
model = load_model('plant_disease_model.keras')

# Obtener las etiquetas de las clases
class_labels = list(train_gen.class_indices.keys()) # Usa train_gen definido
anteriormente

# Subir la imagen
uploaded = files.upload()

for fn in uploaded.keys():
  # Preprocesar la imagen
  path = fn
  img = image.load_img(path, target_size=(224, 224))
  x = image.img_to_array(img)
  x = np.expand_dims(x, axis=0)
  x = x / 255.0  # Normalizar la imagen

  # Realizar la predicción
  images = np.vstack([x])
  predictions = model.predict(images, batch_size=10)
  predicted_class_index = np.argmax(predictions)
  predicted_class_label = class_labels[predicted_class_index]
  confidence = predictions[0][predicted_class_index]

  print(f"Imagen: {fn}")
  print(f"Predicción: {predicted_class_label}")
  print(f"Confianza: {confidence:.2f}")
```

Explicación del código de esta sección:

*1. Importación de bibliotecas*

```
import numpy as np
from tensorflow.keras.preprocessing import image
```

- numpy: Manejo de arrays numéricos (necesario para procesar la imagen).
- image: Módulo de Keras para cargar y manipular imágenes.

*2. Cargar el modelo entrenado*

```
model = load_model('plant_disease_model.h5')
```

- Propósito: Carga el modelo guardado previamente en formato Keras (.keras o .h5).
- Nota importante: Si usaste model.save('plant_disease_model.h5') anteriormente, esta línea fallará. Debes usar el mismo formato que guardaste:

```
model = load_model('plant_disease_model.h5')  # Si se guardó como .h5
```

*3. Obtener las etiquetas de las clases*

```
class_labels = list(train_gen.class_indices.keys())
```

- train_gen: Generador de entrenamiento definido previamente (contiene el mapeo de clases).
- class_indices: Diccionario que asigna nombres de clases a índices numéricos (ej: {'Tomato_healthy': 0, ...}).
- keys(): Obtiene los nombres de las clases (ej: ['Pepper__bell___Bacterial_spot', ..., 'Tomato_healthy']).

*4. Subir una imagen desde el dispositivo*

```
uploaded = files.upload()
```

- files.upload(): Función de Google Colab para subir archivos locales al entorno de ejecución.
- Resultado: Al ejecutarse, abre un diálogo para seleccionar una imagen (ej: tomato_leaf.jpg).

*5. Procesar cada imagen subida*

```
for fn in uploaded.keys():
    path = fn  # Nombre/ruta del archivo subido
```

- uploaded.keys(): Lista de nombres de archivos subidos (soporta múltiples imágenes).
- Ejemplo: Si subes healthy_potato.jpg, fn será 'healthy_potato.jpg'.

*6. Preprocesamiento de la imagen*

```
img = image.load_img(path, target_size=(224, 224))
x = image.img_to_array(img)
```

```
x = np.expand_dims(x, axis=0)
x = x / 255.0
```

- Pasos:

  1. load_img: Carga la imagen y la redimensiona a 224x224 **píxeles** (mismo tamaño usado en el entrenamiento).
  2. img_to_array: Convierte la imagen a un array NumPy (shape: (224, 224, 3)).
  3. expand_dims: Añade una dimensión al inicio para crear un "batch" (shape: (1, 224, 224, 3)).
  4. /255.0: Normaliza los valores de píxeles al rango [0, 1].

*7. Realizar la predicción*

```
images = np.vstack([x])
predictions = model.predict(images, batch_size=10)
predicted_class_index = np.argmax(predictions)
predicted_class_label = class_labels[predicted_class_index]
confidence = predictions[0][predicted_class_index]
```

- np.vstack([x]): Crea un batch de imágenes (aunque solo haya una).
- model.predict(): Ejecuta la inferencia del modelo.
- np.argmax(): Obtiene el índice de la clase con mayor probabilidad.
- class_labels[]: Mapea el índice al nombre de la clase.
- confidence: Probabilidad asociada a la clase predicha.

*8. Mostrar resultados*

```
print(f"Imagen: {fn}")
print(f"Predicción: {predicted_class_label}")
print(f"Confianza: {confidence:.2f}")
```

- Salida ejemplo:
  Imagen: tomato_leaf.jpg
  Predicción: Tomato_Early_blight
  Confianza: 0.97

A continuación, haga clic en el botón ejecutar, del mismo modo como hizo en la figura 21 y 22, cargue el archivo para que realice la predicción, mostrando la enfermedad de la planta, como se aprecia en la figura 24

```
Elegir archivos  Ningún archivo seleccionado Upload widget is only available when the
Saving edbb09c6-f6e6-4ce4-ac38-e4fa0b96f4c0___GH_HL Leaf 251.JPG to e
1/1 ━━━━━━━━━━━━━━━━━━━━ 3s 3s/step
Imagen: edbb09c6-f6e6-4ce4-ac38-e4fa0b96f4c0___GH_HL Leaf 251.JPG
Predicción: Tomato_healthy
Confianza: 1.00
```

Figura 24. Predicción de la planta enferma

A continuación, en el botón +Código, agregue las siguientes líneas de código:

```
# Obtener las métricas de entrenamiento
import numpy as np
import matplotlib.pyplot as plt # Import matplotlib.pyplot with alias plt
# Obtener las métricas de entrenamiento
acc = history.history['accuracy']
val_acc = history.history['val_accuracy']
loss = history.history['loss']
val_loss = history.history['val_loss']

epochs = range(1, len(acc) + 1)

# Graficar la precisión
plt.plot(epochs, acc, 'bo', label='Training accuracy')
plt.plot(epochs, val_acc, 'b', label='Validation accuracy')
plt.title('Training and validation accuracy')
plt.legend()

plt.figure()

# Graficar la pérdida
plt.plot(epochs, loss, 'bo', label='Training loss')
plt.plot(epochs, val_loss, 'b', label='Validation loss')
plt.title('Training and validation loss')
plt.legend()

plt.show()

# Calcular y mostrar otras métricas
from sklearn.metrics import classification_report, confusion_matrix
```

```
import seaborn as sns

# Obtener predicciones para el conjunto de validación
Y_pred = model.predict(val_gen)
y_pred = np.argmax(Y_pred, axis=1)
y_true = val_gen.classes

# Matriz de confusión
cm = confusion_matrix(y_true, y_pred)
plt.figure(figsize=(10, 8))
sns.heatmap(cm, annot=True, fmt='d', cmap='Blues', xticklabels=class_labels,
yticklabels=class_labels)
plt.xlabel('Predicted')
plt.ylabel('True')
plt.title('Confusion Matrix')
plt.show()


# Informe de clasificación
print(classification_report(y_true, y_pred, target_names=class_labels))
```

Explicación de esta sección del código:

**1.** Obtención de métricas de entrenamiento

```
acc = history.history['accuracy']
val_acc = history.history['val_accuracy']
loss = history.history['loss']
val_loss = history.history['val_loss']
```

- Propósito: Extraer las métricas guardadas durante el entrenamiento.
- history: Objeto retornado por model.fit(), que almacena:
    - accuracy: Precisión en entrenamiento.
    - val_accuracy: Precisión en validación.
    - loss: Pérdida en entrenamiento.
    - val_loss: Pérdida en validación.

**2.** Preparación de las épocas

```
epochs = range(1, len(acc) + 1)
```

- Crea una lista numérica de 1 hasta el número de épocas entrenadas (ej: [1, 2, ..., 10]).

**3.** Gráficas de precisión y pérdida

```
# Gráfica de precisión
plt.plot(epochs, acc, 'bo', label='Training accuracy')  # Puntos azules
plt.plot(epochs, val_acc, 'b', label='Validation accuracy')  # Línea azul
plt.title('Training and validation accuracy')
plt.legend()

# Gráfica de pérdida
plt.figure()  # Nueva figura
plt.plot(epochs, loss, 'bo', label='Training loss')
plt.plot(epochs, val_loss, 'b', label='Validation loss')
plt.title('Training and validation loss')
plt.legend()
plt.show()
```

- Visualización:
    - Puntos azules ('bo'): Valores de entrenamiento.
    - Línea azul ('b'): Valores de validación.
- Objetivo:
    - Detectar sobreajuste (overfitting): Si la precisión de entrenamiento es mucho mayor que la de validación.
    - Analizar convergencia: Si la pérdida sigue bajando o se estabiliza.

**4.** Matriz de confusión y métricas

```
# Predicciones en el conjunto de validación
Y_pred = model.predict(val_gen)  # Probabilidades para cada clase
y_pred = np.argmax(Y_pred, axis=1)  # Índice de la clase predicha
y_true = val_gen.classes  # Etiquetas verdaderas

# Matriz de confusión
cm = confusion_matrix(y_true, y_pred)
sns.heatmap(cm, annot=True, fmt='d', cmap='Blues',
        xticklabels=class_labels, yticklabels=class_labels)
```

- Matriz de confusión:
    - Filas: Clases verdaderas.
    - Columnas: Predicciones.
    - annot=True: Muestra números en las celdas.
    - fmt='d': Formato entero (ej: 15, 3).
    - Interpretación: Las celdas diagonales son predicciones correctas.

***5.** Informe de clasificación*

print(classification_report(y_true, y_pred, target_names=class_labels))

- Métricas por clase:
    - Precision: % de predicciones correctas para una clase (ej: 0.95 en Tomato_Early_blight).
    - Recall: % de casos reales detectados correctamente.
    - F1-score: Media armónica de precisión y recall.
    - Support: Número de muestras por clase.

A continuación, haga clic en el botón ejecutar de esta sección, debe mostrarse algo como se aprecia en las figuras 25 y 26.

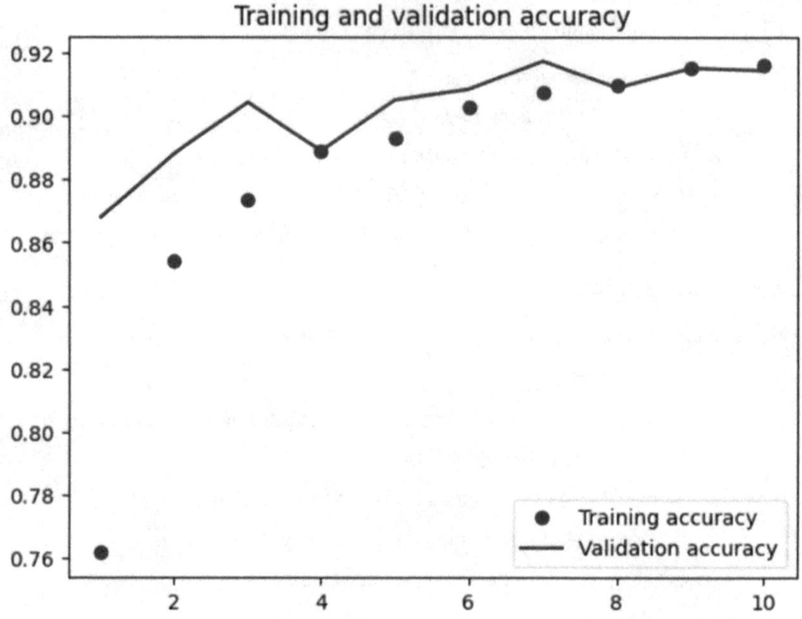


Figura 25. Resultado del entrenamiento

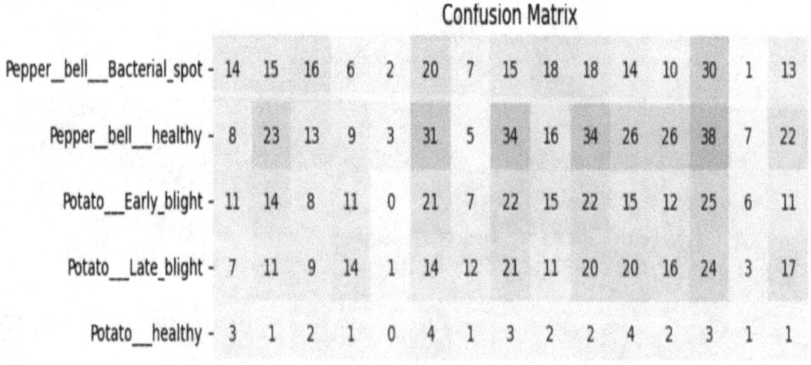


Figura 26. Resultado de la matriz de confusión para el entrenamiento.

El proyecto entrenado lo puede observar en el siguiente enlace:

https://github.com/jeliecergomez/Machine_Learning/blob/main/plant_diseases.ipynb

También puede descargar el modelo entrenado:

https://github.com/jeliecergomez/Machine_Learning/blob/main/plant_disease_model.h5

## 2.2 Segunda sección desarrollo de la aplicación

El propósito de esta sección es desarrollar una aplicación web en Flask, que permita consumir el modelo ya entrenado.

Para desarrollar esta sección se requiere que tenga instalado en su computadora local los siguientes recursos:

Flask

https://flask.palletsprojects.com/en/stable/installation/, siga las instrucciones de instalación.

Tensorflow

https://www.tensorflow.org/install?hl=es-419, siga las instrucciones para la instalación.

Esta es la estructura del proyecto:

```
plant_disease_app/
├── app.py
├── templates/
│   └── index.html
├── static/
│   └── uploads/
│       └── (aquí se guardan las imágenes)
└── plant_disease_model.h5
```

Desde el explorador de Windows, elabore esa estructura.

Una vez creada la estructura señalada, como se aprecia en la figura 27, se procede a desarrollar el proyecto.

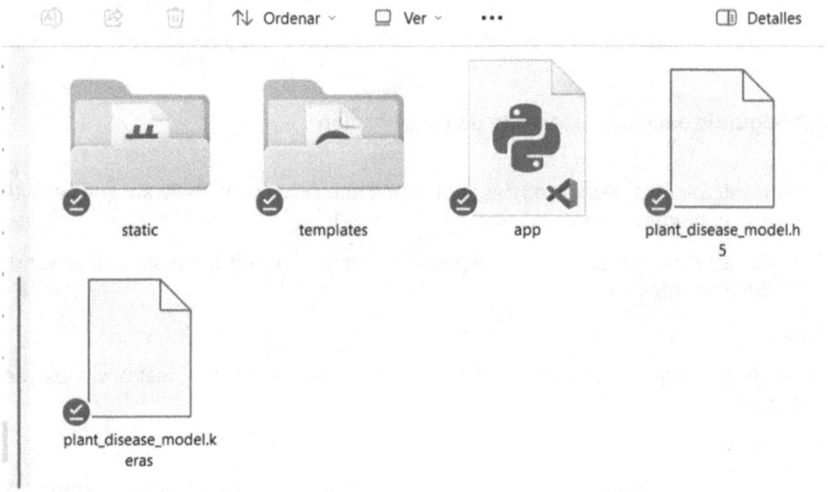


Figura 27. Estructura del proyecto.

A continuación, desarrollaremos la aplicación backend en Python, para ello puede elegir el editor de texto de su preferencia, en estes caso sugiero tener instalado en su computadora Visual Code Studio: https://code.visualstudio.com/docs/setup/windows, este entorno le permitirá codificar mejor cada una de las instrucciones y escoger el lenguaje para guardar el archivo.

Abra un nuevo archivo en Visual Code, lo va a nombrar como app.py, agregue las siguientes líneas de código:

```
from flask import Flask, render_template, request, redirect, url_for
import os
from werkzeug.utils import secure_filename
import numpy as np
from tensorflow.keras.models import load_model
```

```
from tensorflow.keras.preprocessing.image import load_img, img_to_array

app = Flask(__name__)
app.config['UPLOAD_FOLDER'] = 'static/uploads'
model = load_model('plant_disease_model.h5', compile=False)

# Asegúrate de tener las clases en el mismo orden que en el entrenamiento del
modelo
class_names = ['Pepper__bell___Bacterial_spot', 'Pepper__bell___healthy',
               'Potato___Early_blight', 'Potato___Late_blight', 'Potato___healthy',
               'Tomato_Bacterial_spot', 'Tomato_Early_blight', 'Tomato_Late_blight',
               'Tomato_Leaf_Mold', 'Tomato_Septoria_leaf_spot',
               'Tomato_Spider_mites_Two_spotted_spider_mite',
               'Tomato__Target_Spot', 'Tomato__Tomato_YellowLeaf__Curl_Virus',
               'Tomato__Tomato_mosaic_virus', 'Tomato_healthy']

def predict_image(img_path):
    img = load_img(img_path, target_size=(224, 224))  # ajusta si tu modelo
requiere otro tamaño
    img_array = img_to_array(img) / 255.0
    img_array = np.expand_dims(img_array, axis=0)
    prediction = model.predict(img_array)
    predicted_class = class_names[np.argmax(prediction)]
    confidence = round(100 * np.max(prediction), 2)
    return predicted_class, confidence

@app.route('/', methods=['GET', 'POST'])
def index():
    if request.method == 'POST':
        image_file = request.files['image']
        if image_file:
            filename = secure_filename(image_file.filename)
            filepath = os.path.join(app.config['UPLOAD_FOLDER'], filename)
            image_file.save(filepath)

            predicted_class, confidence = predict_image(filepath)
            return render_template('index.html', image_path=filepath,
                                   prediction=predicted_class,
                                   confidence=confidence)
    return render_template('index.html')

if __name__ == '__main__':
    os.makedirs('static/uploads', exist_ok=True)
    app.run(debug=True)
```

Explicación del código:

*1. Importación de Bibliotecas*

```
from flask import Flask, render_template, request, redirect, url_for
import os
from werkzeug.utils import secure_filename
import numpy as np
from tensorflow.keras.models import load_model
from tensorflow.keras.preprocessing.image import load_img, img_to_array
```

- Flask: Para crear la aplicación web.
- os: Manejo de rutas y directorios.
- secure_filename: nombres de archivo subidos (evita inyección de rutas).
- numpy y Keras: Preprocesamiento de imágenes y carga del modelo.

*2. Configuración Inicial de Flask*

```
app = Flask(__name__)
app.config['UPLOAD_FOLDER'] = 'static/uploads'
```

- app = Flask(__name__): Inicializa la aplicación Flask.
- UPLOAD_FOLDER: Directorio donde se guardarán las imágenes subidas (static/uploads).

*3. Carga del Modelo Entrenado*

```
model = load_model('plant_disease_model.h5', compile=False)
```

- Carga el modelo preentrenado para detección de enfermedades.
- compile=False: Evita errores al cargar modelos guardados con versiones antiguas de TensorFlow.

*4. Definición de Clases*

```
class_names = ['Pepper__bell___Bacterial_spot', ..., 'Tomato_healthy']
```

- Lista de nombres de clases en el mismo orden que durante el entrenamiento del modelo.

*5. Función de Predicción*

```
def predict_image(img_path):
    img = load_img(img_path, target_size=(224, 224))  # Carga y redimensiona
```

```
    img_array = img_to_array(img) / 255.0  # Normaliza a [0,1]
    img_array = np.expand_dims(img_array, axis=0)  # Añade dimensión de batch
    prediction = model.predict(img_array)  # Realiza predicción
    predicted_class = class_names[np.argmax(prediction)]  # Clase más probable
    confidence = round(100 * np.max(prediction), 2)  # Confianza en %
    return predicted_class, confidence
```

*6. Ruta Principal (Index)*

```
@app.route('/', methods=['GET', 'POST'])
def index():
    if request.method == 'POST':
        # Manejo de archivo subido
        image_file = request.files['image']
        if image_file:
            filename = secure_filename(image_file.filename)  # Nombre seguro
            filepath = os.path.join(app.config['UPLOAD_FOLDER'], filename)
            image_file.save(filepath)  # Guarda la imagen

            # Predicción
            predicted_class, confidence = predict_image(filepath)

            # Renderiza template con resultados
            return render_template('index.html',
                                   image_path=filepath,
                                   prediction=predicted_class,
                                   confidence=confidence)

    # GET request: Muestra el formulario vacío
    return render_template('index.html')
```

*7. Ejecución del Servidor*

```
if __name__ == '__main__':
    os.makedirs('static/uploads', exist_ok=True)  # Crea directorio de uploads
    app.run(debug=True)  # Inicia el servidor en modo debug
```

En la figura 28 se observa el flujo de la aplicación.

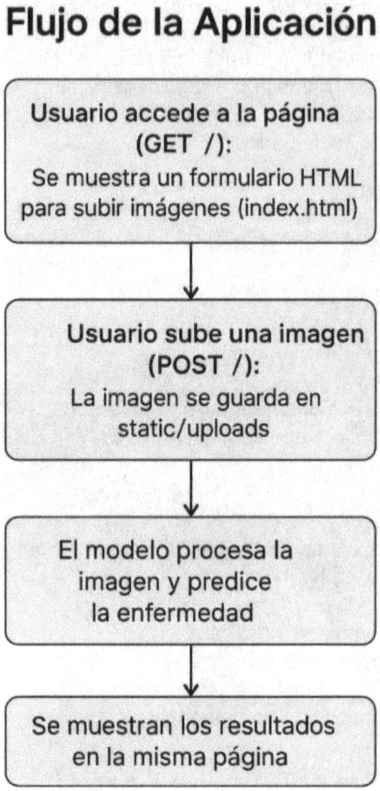


Figura 28. Flujo de la aplicación con Flask.

A continuación, en nuevamente en Visual Code, cree un nuevo archivo llamado index.html y lo guarda en la carpeta templates

Agregue al archivo index.html, las siguientes líneas de código:

```
<!DOCTYPE html>
<html>
<head>
  <title>Clasificación de Enfermedades de Plantas (Tomate, Ají Pimiento y
Papa)</title>
  <style>
    body { font-family: Arial; text-align: center; margin: 40px; }
    img { max-width: 400px; margin-top: 20px; }
  </style>
</head>
<body>
  <h1>Clasificador de Enfermedades en Plantas (Tomate, Ají Pimiento y
Papa)</h1>
  <form method="POST" enctype="multipart/form-data">
    <input type="file" name="image" accept="image/*" capture="environment"
required>
    <br><br>
    <button type="submit">Predecir</button>
  </form>

  {% if image_path %}
    <h2>Imagen cargada:</h2>
    <img src="{{ image_path }}" alt="Imagen de planta">
    <h2>Resultado:</h2>
    <p><strong>Enfermedad:</strong> {{ prediction }}</p>
    <p><strong>Confianza:</strong> {{ confidence }}%</p>
  {% endif %}
</body>
</html>
```

Explicación del código de esta sección:

*Estructura Básica*

```
<!DOCTYPE html>
<html>
<head>
  <!-- Metadatos y estilos -->
</head>
<body>
  <!-- Contenido visible -->
</body>
</html>
```

- <!DOCTYPE html>: Declara que es un documento HTML5.
- <html>: Contenedor raíz de toda la página.

Sección <head> (Configuración)

```
<title>Clasificación de Enfermedades de Plantas...<title>
<style>
  body {
    font-family: Arial;
    text-align: center;
    margin: 40px;
  }
  img {
    max-width: 400px;
    margin-top: 20px;
  }
</style>
```

- <title>: Título de la pestaña del navegador.
- <style>: CSS interno para diseño:
  - body: Fuente Arial, contenido centrado, margen de 40px.
  - img: Limita el ancho máximo de imágenes a 400px y margen superior.

Sección <body> (Contenido Principal)

1. Título

```
<h1>Clasificador de Enfermedades en Plantas...</h1>
```

- Encabezado principal que describe el propósito de la página.

2. Formulario de Subida

```
<form method="POST" enctype="multipart/form-data">
  <input type="file" name="image" accept="image/*" required>
  <br><br>
  <button type="submit">Predecir</button>
</form>
```

Atributos del Formulario:

  - method="POST": Envía datos al servidor.
  - enctype="multipart/form-data": Permite subir archivos.

Input de Archivo:

  - type="file": Permite seleccionar un archivo.
  - accept="image/*": Filtra solo archivos de imagen.
  - required: Obligatorio para enviar el formulario.
- Botón de Envío: "Predecir" para procesar la imagen.

**3.** Sección de Resultados (Jinja2 Template)

```
{% if image_path %}
  <h2>Imagen cargada:</h2>
  <img src="{{ image_path }}" alt="Imagen de planta">
  <h2>Resultado:</h2>
  <p><strong>Enfermedad:</strong> {{ prediction }}</p>
  <p><strong>Confianza:</strong> {{ confidence }}%</p>
{% endif %}
```

- Lógica Condicional: Solo se muestra si image_path existe (cuando hay una predicción).
- Elementos:
  - Imagen: Muestra la imagen subida usando la ruta proporcionada por Flask (image_path).
  - Resultados: Muestra la enfermedad predicha (prediction) y la confianza (confidence) inyectadas desde Python.

Características Clave

Diseño Minimalista:

- Centrado y con espaciado uniforme.
- Fuente legible (Arial).

Responsive Básico:

- max-width: 400px en imágenes se adapta a pantallas pequeñas.

Validación del Lado del Cliente:

- required evita envíos vacíos.
- accept="image/*" filtra formatos no imagen.

Integración con Flask:

- Usa la sintaxis {{ }} de Jinja2 para mostrar variables del backend:
  - image_path: Ruta de la imagen subida.
  - prediction: Nombre de la enfermedad detectada.
  - confidence: Porcentaje de confianza del modelo.

Para ejecutar la aplicación tenga en cuenta las siguientes consideraciones:

Guarda el archivo del modelo plant_disease_model.h5 en la raíz del proyecto.

Asegúrate de instalar Flask y TensorFlow:

pip install flask tensorflow

Ejecutar la app:

python app.py

Abre tu navegador en http://127.0.0.1:5000

Debe salir una algo como se aprecia en la figura 29.

Figura 29. Despliegue de la aplicación web.

A continuación, para probar la aplicación seleccione un archivo y luego haga clic en predecir, como se aprecia en la figura 29.

En la figura 30, se observa el resultado de la predicción

# Imagen cargada:

# Resultado:

**Enfermedad:** Tomato_healthy

**Confianza:** 99.94%

Figura 30. Predicción de la enfermedad de la planta.

Para acceder a la aplicación completa lo puede hacer desde este enlace en Gihub https://github.com/jeliecergomez/Machine_Learning/tree/main/plant_app3

## 3.Entrenamiento y desarrollo de aplicación para clasificación de frutas

El propósito de esta sección es entrenar un modelo de DeepLearning utilizando el dataset de Fruits-360: Un conjunto de datos de imágenes que contienen frutas y verduras (Oltean, 2018). En la tabla 1 se puede apreciar las características del dataset.

Tabla 1. Caracteristicas del dataset de imagen.

| Número total de imágenes | Tamaño del conjunto de entrenamiento | Tamaño del conjunto de prueba | Tamaño del conjunto multifrutas | Número de clases | Tamaño de la imagen |
|---|---|---|---|---|---|
| 90483. | 67692 imágenes (una fruta o verdura por imagen). | 22688 imágenes (una fruta o verdura por imagen). | 103 imágenes (más de una fruta (o clase de fruta) por imagen). | 131 (frutas y verduras). | 100 x 100 píxeles. |

El enlace de este dataset, se puede tener desde la siguiente dirección web:

https://github.com/Horea94/Fruit-Images-Dataset

A continuación, abra un nuevo notebook en Google Colab, y agréguele el siguiente nombre Fruit-Images-and-vegetables, como se aprecia en la figura 1.

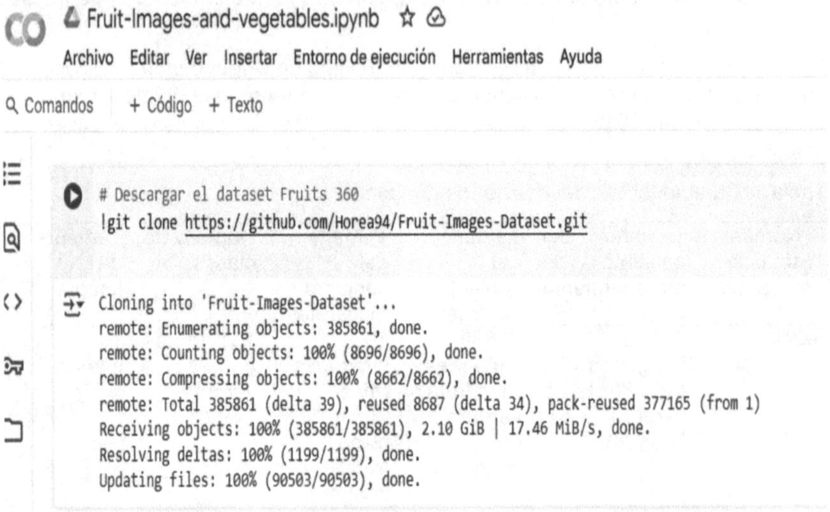


Figura 1. Creación de un nuevo proyecto Fruit-Images-and-vegetables

A continuación, agregue la siguiente línea de código:

```
# Descargar el dataset Fruits 360
!git clone https://github.com/Horea94/Fruit-Images-Dataset.git
```

Explicación de la línea de código:

- **Descarga el dataset Fruits 360** desde GitHub a tu entorno local o en la máquina virtual de Google Colab.
- **Crea una carpeta llamada** Fruit-Images-Dataset con toda la estructura del repositorio, incluyendo:
    - Imágenes de entrenamiento (Train) y prueba (Test).
    - Archivos de metadatos (etiquetas, licencias, etc.).

A continuación, haga clic en el botón run de esta sección de código, automáticamente se descargará en el espacio de trabajo en Google Colab, como se aprecia en la figura 2.

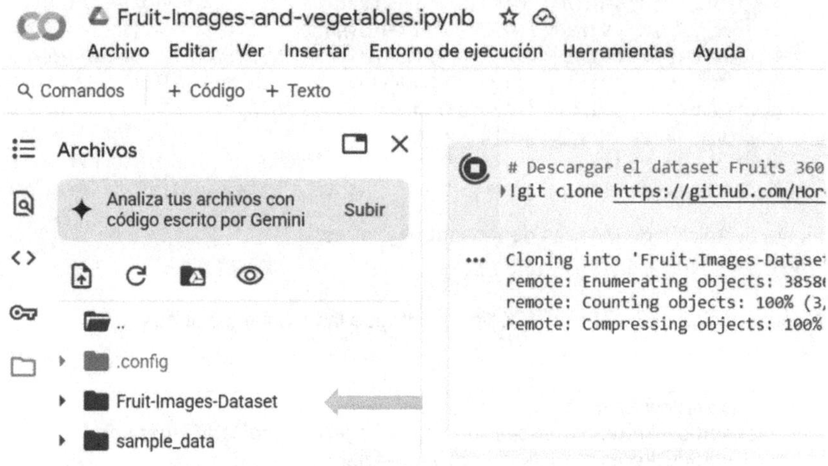


Figura 2. Descarga del dataset Fruit-images

A continuación, haga clic en +Código y adicione las siguientes líneas de código:

```
# Instalación de librerías
!pip install tensorflow keras
```

Explicación de esta línea de código:

Permite la instalación de las librerías de tensorflow y keras para el procesamiento y entrenamiento de modelos de aprendizaje profundo. A continuación, haga clic en el botón run de esta sección y se descargará las librerías, como se aprecia en la figura 3.

```
# Instalación de librerías
!pip install tensorflow keras
```

```
Requirement already satisfied: tensorflow in /usr/local/lib/python3.11/dist-packages (2.18.0)
Requirement already satisfied: keras in /usr/local/lib/python3.11/dist-packages (3.8.0)
Requirement already satisfied: absl-py>=1.0.0 in /usr/local/lib/python3.11/dist-packages (from te
Requirement already satisfied: astunparse>=1.6.0 in /usr/local/lib/python3.11/dist-packages (from
Requirement already satisfied: flatbuffers>=24.3.25 in /usr/local/lib/python3.11/dist-packages (f
Requirement already satisfied: gast!=0.5.0,!=0.5.1,!=0.5.2,>=0.2.1 in /usr/local/lib/python3.11/d
Requirement already satisfied: google-pasta>=0.1.1 in /usr/local/lib/python3.11/dist-packages (fr
Requirement already satisfied: libclang>=13.0.0 in /usr/local/lib/python3.11/dist-packages (from
```

Figura 3. Adición de librerías de tensorflow y keras.

A continuación, haga clic en +Código y agregue las siguientes líneas

```
import tensorflow as tf
from tensorflow.keras.preprocessing.image import ImageDataGenerator
from tensorflow.keras.models import Sequential
from tensorflow.keras.layers import Conv2D, MaxPooling2D, Flatten, Dense,
Dropout
import os
```

Explicación de estas líneas de código:

*1. import tensorflow as tf*

- Propósito: Importa la biblioteca TensorFlow, el framework de deep learning que usaremos para construir y entrenar el modelo.
- Detalle:
    - tf es el alias estándar para acortar el nombre en el código.
    - TensorFlow proporciona herramientas para crear redes neuronales, gestionar tensores (datos multidimensionales) y ejecutar operaciones en CPU/GPU.

*2. from tensorflow.keras.preprocessing.image import ImageDataGenerator*

- Propósito: Importa la clase ImageDataGenerator de Keras, utilizada para cargar y aumentar imágenes durante el entrenamiento.
- Detalle:
  - Permite:
    - Generar batches de imágenes directamente desde directorios.
    - Preprocesar (reescalar, normalizar) y aumentar datos (rotaciones, zoom, etc.) para evitar overfitting.

*3. from tensorflow.keras.models import Sequential*

- Propósito: Importa el modelo Sequential, que permite construir redes neuronales capa por capa en secuencia lineal.
- Detalle:
  - Es ideal para arquitecturas sencillas donde el flujo de datos es de una capa a la siguiente sin bifurcaciones.

*4. from tensorflow.keras.layers import Conv2D, MaxPooling2D, Flatten, Dense, Dropout*

- Propósito: Importa capas específicas para construir una red neuronal convolucional (CNN):
  - Conv2D: Capa convolucional para extraer características espaciales de las imágenes (ej: bordes, texturas).
    Conv2D(64, (3,3), activation='relu', input_shape=(150, 150, 3))

- MaxPooling2D: Reduce la dimensionalidad espacial (submuestreo), ayudando a reducir el costo computacional.
  MaxPooling2D(2, 2)
- Flatten: "Aplana" los datos multidimensionales en un vector unidimensional para conectarse a capas densas.
  Flatten()
- Dense: Capa totalmente conectada para clasificación/regresión final.
  Dense(128, activation='relu')
- Dropout: Regularización para evitar overfitting (apaga neuronas aleatoriamente durante el entrenamiento).
  python

  ```
  Dropout(0.5) # Apaga el 50% de las neuronas
  ```

*5. import os*

- Propósito: Importa el módulo **os** de Python para interactuar con el sistema operativo.
- Uso en este contexto:
  - Manejar rutas de archivos y directorios del dataset.

A continuación, haga clic en el botón ejecutar y posteriormente en el botón + Código, agregue las siguientes líneas de código:

```
# Definimos paths
train_dir = '/content/Fruit-Images-Dataset/Training'
test_dir = '/content/Fruit-Images-Dataset/Test'

# Crear generadores de imágenes
train_datagen = ImageDataGenerator(rescale=1./255)
test_datagen = ImageDataGenerator(rescale=1./255)

# Cargar datos
train_generator = train_datagen.flow_from_directory(
    train_dir,
    target_size=(100, 100),
    batch_size=32,
```

```
    class_mode='categorical'
)

test_generator = test_datagen.flow_from_directory(
    test_dir,
    target_size=(100, 100),
    batch_size=32,
    class_mode='categorical'
)
```

Explicación de las líneas de código:

*1. Definición de Rutas (Paths)*

```
train_dir = '/content/Fruit-Images-Dataset/Training'
test_dir = '/content/Fruit-Images-Dataset/Test'
```

- Propósito: Especificar las ubicaciones del dataset de entrenamiento y prueba.
    - train_dir: Ruta del directorio con imágenes de entrenamiento.
    - test_dir: Ruta del directorio con imágenes de prueba.
- Estructura esperada:

```
Training/
├── Class1/
│   ├── img1.jpg
│   └── img2.jpg
├── Class2/
│   ├── img1.jpg
│   └── img2.jpg
...
```

  Cada subcarpeta dentro de Training y Test representa una clase (ej: "Manzana", "Plátano").

*2. Creación de Generadores de Imágenes*

```
train_datagen = ImageDataGenerator(rescale=1./255)
test_datagen = ImageDataGenerator(rescale=1./255)
```

- Propósito: Configurar generadores para preprocesar las imágenes.
  - rescale=1./255: Normaliza los valores de píxeles al rango [0, 1] (originalmente [0, 255]).
  - Las redes neuronales convergen más rápido con datos normalizados.
- Diferencia entre train_datagen **y** test_datagen:
  - En entrenamiento suele usarse data augmentation (rotaciones, zoom, etc.), pero aquí solo se normaliza. Para mejorar el modelo, podrías agregar:

```
train_datagen = ImageDataGenerator(
  rescale=1./255,
  rotation_range=20,
  horizontal_flip=True
)
```

*3. Carga de Datos con flow_from_directory*

```
train_generator = train_datagen.flow_from_directory(
  train_dir,
  target_size=(100, 100), # Redimensiona imágenes a 100x100 píxeles
  batch_size=32,          # Lotes de 32 imágenes
  class_mode='categorical' # Clasificación multiclase
)
```

**Parámetros clave**:

1. target_size=(100, 100):
   - Redimensiona todas las imágenes a 100x100 píxeles (debe coincidir con la entrada del modelo).
2. batch_size=32:
   - Divide el dataset en lotes de 32 imágenes para entrenar eficientemente.

3. class_mode='categorical':

    - Genera etiquetas en formato **one-hot encoding** (ej: [1, 0, 0] para la clase 1).
    - Si fuera clasificación binaria, se usaría class_mode='binary'.

**Salida del generador**:

- train_generator devuelve tuplas (imágenes, etiquetas) en lotes.
- Ejemplo de forma para imágenes: (32, 100, 100, 3) (batch_size, altura, ancho, canales RGB).

*4. Carga del Dataset de Prueba*

```
test_generator = test_datagen.flow_from_directory(
    test_dir,
    target_size=(100, 100),
    batch_size=32,
    class_mode='categorical'
)
```

- **Mismo proceso que el generador de entrenamiento**, pero sin aumentación de datos (solo rescale).
- Se usa para evaluar el modelo durante el entrenamiento (validation_data=test_generator).

A continuación, haga clic en el botón run, debe mostrar las clases encontradas como se aprecia en la figura 4.

```
# Cargar datos
train_generator = train_datagen.flow_from_directory(
    train_dir,
    target_size=(100, 100),
    batch_size=32,
    class_mode='categorical'
)

test_generator = test_datagen.flow_from_directory(
    test_dir,
    target_size=(100, 100),
    batch_size=32,
    class_mode='categorical'
)
```

```
Found 67692 images belonging to 131 classes.
Found 22688 images belonging to 131 classes.
```

Figura 4. Carga de imágenes para entrenar.

A continuación, haga clic en el botón + Código y adicione las siguientes líneas de código:

```
import tensorflow as tf
from tensorflow.keras.applications import MobileNetV2
from tensorflow.keras.layers import Dense, GlobalAveragePooling2D
from tensorflow.keras.models import Model

# ... (Your existing code for data loading and preprocessing) ...

# Load pre-trained MobileNetV2 model (excluding top classification layer)
base_model = MobileNetV2(weights='imagenet', include_top=False,
input_shape=(100, 100, 3))

# Add custom classification layers
x = base_model.output
x = GlobalAveragePooling2D()(x)
x = Dense(1024, activation='relu')(x)
```

```
predictions = Dense(train_generator.num_classes, activation='softmax')(x)

# Create the final model
model = Model(inputs=base_model.input, outputs=predictions)

# Freeze the base model layers (optional, but often recommended for fine-
tuning)
for layer in base_model.layers:
   layer.trainable = False

# Compile the model
model.compile(optimizer='adam', loss='categorical_crossentropy',
metrics=['accuracy'])

model.summary()
```

Explicación de las líneas de código:

*1. Importar bibliotecas y componentes*

```
import tensorflow as tf
from tensorflow.keras.applications import MobileNetV2
from tensorflow.keras.layers import Dense, GlobalAveragePooling2D
from tensorflow.keras.models import Model
```

- **MobileNetV2**: Modelo preentrenado en ImageNet (eficiente para dispositivos móviles).
- **GlobalAveragePooling2D**: Capa que reduce mapas de características 2D a vectores 1D promediando valores.
- **Model**: Clase para crear modelos personalizados (funcional API de Keras).

*2. Cargar el modelo base (preentrenado)*

```
base_model = MobileNetV2(
   weights='imagenet',    # Usar pesos preentrenados en ImageNet
   include_top=False,     # Excluir la última capa de clasificación de ImageNet
   input_shape=(100, 100, 3) # Formato de entrada: 100x100 píxeles, 3 canales (
RGB)
)
```

- **¿Qué hace?**:
  - Carga MobileNetV2 sin la capa final (include_top=False), para reutilizar sus características.
  - Ajusta la entrada a (100, 100, 3), que debe coincidir con el tamaño de las imágenes del dataset (target_size=(100, 100) en los generadores).

*3. Añadir capas personalizadas*

```
x = base_model.output          # Salida del modelo base (tensor 4D)
x = GlobalAveragePooling2D()(x) # Reduce a 1D: (batch_size, 1280)
x = Dense(1024, activation='relu')(x) # Capa densa intermedia
predictions = Dense(train_generator.num_classes, activation='softmax')(x) # Capa de salida
```

- **GlobalAveragePooling2D**:
  - Convierte la salida 4D de MobileNetV2 (ej: (None, 4, 4, 1280)) en 1D ((None, 1280)).
  - Alternativa a Flatten(), pero más eficiente para redes profundas.
- **Capa densa (1024 unidades)**:
  - Añade capacidad de aprendizaje específica para el nuevo dataset.
- **Capa de salida**:
  - train_generator.num_classes: Número de clases del dataset (ej: 131 para Fruits 360).
  - activation='softmax': Para clasificación multiclase (probabilidades por clase).

---

*4. Crear el modelo final*

```
model = Model(inputs=base_model.input, outputs=predictions)
```

- **Funcional API de Keras**:
  - Conecta la entrada del base_model con la nueva salida (predictions).

- Crea un nuevo modelo que combina MobileNetV2 + capas personalizadas.

---

*5. Congelar capas del modelo base*

```
for layer in base_model.layers:
    layer.trainable = False
```

- **Propósito**:
  - Evita que los pesos preentrenados de MobileNetV2 se actualicen durante el entrenamiento.
  - Útil si tienes pocos datos o quieres acelerar el entrenamiento.
- **¿Por qué es opcional?**:
  - Si tienes un dataset grande, puedes descongelar algunas capas para **fine-tuning**:

```
# Ejemplo: Descongelar las últimas 5 capas
for layer in base_model.layers[-5:]:
    layer.trainable = True
```

*6. Compilar el modelo*

```
model.compile(
    optimizer='adam',                    # Optimizador estándar
    loss='categorical_crossentropy',     # Función de pérdida para multiclase
    metrics=['accuracy']                 # Métrica de evaluación
)
```

---

*7. Resumen del modelo*

```
model.summary()
```

- **Salida**:

```
Model: "model"
_________________________________________________________________
```

```
Layer (type)              Output Shape              Param #
=================================================================
input_1 (InputLayer)      [(None, 100, 100, 3)]     0
...
dense_1 (Dense)           (None, 1024)              1311744
dense_2 (Dense)           (None, 131)               134275
=================================================================
Total params: 3,538,083
Trainable params: 1,445,219
Non-trainable params: 2,092,864
```

- Muestra la arquitectura y parámetros entrenables/no entrenables.

A continuación, haga clic en el botón ejecutar y debe cargar el modelo pre - entrenado y demás configuraciones como se explico en la sección del código anterior, como se aprecia en la figura 5.

```
<ipython-input-5-de42c118dd0e>:9: UserWarning: `input_shape` is undefined or n
  base_model = MobileNetV2(weights='imagenet', include_top=False, input_shape=
Downloading data from https://storage.googleapis.com/tensorflow/keras-applicat
9406464/9406464 ━━━━━━━━━━━━━━━━━━━━ 2s 0us/step
Model: "functional"
```

| Layer (type) | Output Shape | Param # | Connected to |
|---|---|---|---|
| input_layer (InputLayer) | (None, 100, 100, 3) | 0 | - |
| Conv1 (Conv2D) | (None, 50, 50, 32) | 864 | input_layer[0][0] |
| bn_Conv1 (BatchNormalizatio… | (None, 50, 50, 32) | 128 | Conv1[0][0] |
| Conv1_relu (ReLU) | (None, 50, 50, 32) | 0 | bn_Conv1[0][0] |

Figura 5. Carga del modelo pre – entrenado de MobileNetV2.

A continuación, haga clic en el botón + Código y adicione las siguientes líneas

```
history = model.fit(
   train_generator,
   epochs=15,
   validation_data=test_generator
)
```

Explicación de las líneas de código de esta sección:

**1.** model.fit()

- **Propósito**: Inicia el entrenamiento del modelo.
- **Funcionamiento**:
  - **Entrena el modelo** iterativamente usando los datos de train_generator.
  - **Actualiza los pesos** de la red neuronal mediante backpropagation y el optimizador (ej: Adam).
  - **Métricas**: Calcula pérdida (loss) y precisión (accuracy) en cada época.

---

**2.** train_generator

- **Qué es**: Generador de datos creado con ImageDataGenerator.flow_from_directory().
- **Función**:
  - Proporciona **lotes (batches) de imágenes y etiquetas** para el entrenamiento.
  - Ejemplo: Si hay 2,874 imágenes y batch_size=32, cada época tendrá 2874 // 32 ≈ 90 pasos.

- Aplica **preprocesamiento** (normalización) y **data augmentation** si está configurado.

---

**3.** epochs=15

- **Época**: Una pasada completa del dataset de entrenamiento.
- **Ejemplo**: Si se definen 15 épocas, el modelo verá cada imagen de entrenamiento 15 veces.
- **Balance**: Demasiadas épocas pueden causar *overfitting*, pocas *underfitting*. 15 es un valor común para empezar.

---

**4.** validation_data=test_generator

- **Propósito**: Evaluar el modelo en datos no vistos (test) al final de cada época.
- **Métricas clave**:
  - val_loss: Pérdida en el dataset de validación.
  - val_accuracy: Precisión en el dataset de validación.
- **Uso**: Detecta *overfitting* (ej: si val_loss sube pero loss baja, hay sobreajuste).

---

**5.** history

- **Qué contiene**: Registro de las métricas de entrenamiento y validación por época.

- **Estructura**:
  python

  Copy

  Download

```
history.history = {
  'loss': [0.5, 0.3, ...],          # Pérdida por época en entrenamiento
  'accuracy': [0.8, 0.85, ...],     # Precisión en entrenamiento
  'val_loss': [0.4, 0.35, ...],     # Pérdida en validación
  'val_accuracy': [0.82, 0.86, ...] # Precisión en validación
}
```

- **Usos posteriores**:
  - Graficar el progreso del entrenamiento.
  - Ajustar hiperparámetros (ej: número de épocas).

A continuación, haga clic en el botón run y se empezará a entrenar el modelo, una vez terminado, haga clic en el botón + Código y adicione las siguientes líneas:

```
model.save('fruits_modelMbNEtV2.h5')
model.save('fruits_modelMbNEtV2.keras')
```

Explicación de las líneas de código:

1. model.save()

- **Propósito**: Guarda el modelo entrenado en un archivo para reutilizarlo sin necesidad de reentrenar.
- **Qué incluye**:
  - Arquitectura del modelo (capas y configuración).
  - Pesos aprendidos durante el entrenamiento.

- Optimizador y su estado (para continuar entrenando desde donde se dejó).

*2. Formatos de guardado:*

Hay dos formatos diferentes aquí:

**a)** fruits_modelMbNEtV2.h5

- **Formato HDF5** (.h5):
  - Formato clásico de Keras para guardar modelos.
  - **Ventajas**:
    - Ampliamente compatible con versiones antiguas de TensorFlow/Keras.
    - Único archivo (fácil de compartir).
  - **Desventajas**:
    - No guarda algunos componentes de modelos personalizados (requiere save_format="h5" explícito en TF 2.x).

**b)** fruits_modelMbNEtV2.keras

- **Formato nativo de Keras 3** (.keras):
  - Nuevo formato introducido en Keras 3/TensorFlow 2.13+.
  - **Ventajas**:
    - Más eficiente en espacio y velocidad.
    - Soporta todos los tipos de modelos (incluyendo custom).
    - Recomendado para proyectos nuevos.
  - **Desventajas**:
    - No compatible con versiones antiguas de TensorFlow (< 2.13).

*¿Por qué guardar en ambos formatos?*

- **Compatibilidad**:

- .h5 para entornos legacy o herramientas que aún no soportan el formato .keras.
- .keras para aprovechar las mejoras del nuevo formato.

- **Redundancia**:
  - Es una práctica común si no se está seguro del entorno de despliegue final.

A continuación, haga clic en el botón run de la sección del código. Luego haga clic en el botón + Código y agregue las siguientes líneas:

```
from google.colab import files
files.download('fruits_modelMbNEtV2.keras')
files.download('fruits_modelMbNEtV2.h5')
```

Explicación de las líneas de código

Permite guardar las dos versiones de entrenamiento.

A continuación, haga clic en el botón ejecutar de esta sección y se descargarán los dos archivos de entrenamiento.

A continuación, haga clic en el botón + Código y agregue las siguientes líneas:

```
# Muestra las métricas de entrenamiento
import matplotlib.pyplot as plt

# Evaluate the model
loss, accuracy = model.evaluate(test_generator)
print(f"Test Loss: {loss:.4f}")
print(f"Test Accuracy: {accuracy:.4f}")

# Plot training history
plt.figure(figsize=(10, 5))

plt.subplot(1, 2, 1)
plt.plot(history.history['accuracy'], label='Training Accuracy')
plt.plot(history.history['val_accuracy'], label='Validation Accuracy')
plt.xlabel('Epoch')
plt.ylabel('Accuracy')
```

```
plt.legend()
plt.title('Training and Validation Accuracy')

plt.subplot(1, 2, 2)
plt.plot(history.history['loss'], label='Training Loss')
plt.plot(history.history['val_loss'], label='Validation Loss')
plt.xlabel('Epoch')
plt.ylabel('Loss')
plt.legend()
plt.title('Training and Validation Loss')

plt.tight_layout()
plt.show()
```

Explicación de las líneas de código de esta sección:

*1. Importar matplotlib*

import matplotlib.pyplot as plt

- **Propósito**: Usar la biblioteca matplotlib para crear gráficos.
- **Uso**: Visualizar las métricas de entrenamiento (precisión y pérdida).

*2. Evaluar el modelo en datos de prueba*

```
loss, accuracy = model.evaluate(test_generator)
print(f"Test Loss: {loss:.4f}")
print(f"Test Accuracy: {accuracy:.4f}")
```

- model.evaluate():
  - Ejecuta el modelo en el dataset de prueba (test_generator).
  - Calcula la **pérdida** (loss) y **precisión** (accuracy) finales.
- **Resultado**:
  *# Ejemplo de salida:*
  Test Loss: 0.25
  Test Accuracy: 0.92
  - **Interpretación**: El modelo tiene un 92% de precisión en imágenes nuevas (test).

*3. Graficar el historial de entrenamiento*

**a) Configurar la figura**

```
plt.figure(figsize=(10, 5)) # Tamaño de la figura (ancho, alto)
```

- Crea una figura de 10x5 pulgadas para contener los subgráficos.

**b) Subgráfico 1: Precisión (Accuracy)**

```
plt.subplot(1, 2, 1) # 1 fila, 2 columnas, posición 1
plt.plot(history.history['accuracy'], label='Training Accuracy')
plt.plot(history.history['val_accuracy'], label='Validation Accuracy')
plt.xlabel('Epoch') # Etiqueta del eje X
plt.ylabel('Accuracy') # Etiqueta del eje Y
plt.legend() # Muestra las leyendas
plt.title('Training and Validation Accuracy') # Título
```

- **Qué muestra**:
  - **Línea azul**: Precisión en entrenamiento por época.
  - **Línea naranja**: Precisión en validación por época.
- **Objetivo**: Detectar **overfitting** (si la precisión en validación es mucho menor que en entrenamiento).

**c) Subgráfico 2: Pérdida (Loss)**

```
plt.subplot(1, 2, 2) # 1 fila, 2 columnas, posición 2
plt.plot(history.history['loss'], label='Training Loss')
plt.plot(history.history['val_loss'], label='Validation Loss')
plt.xlabel('Epoch')
plt.ylabel('Loss')
plt.legend()
plt.title('Training and Validation Loss')
```

- **Qué muestra**:
  - **Línea azul**: Pérdida en entrenamiento por época.
  - **Línea naranja**: Pérdida en validación por época.
- **Objetivo**: Verificar si el modelo converge (si la pérdida se estabiliza).

**d) Ajustes finales**

```
plt.tight_layout() # Espaciado entre subgráficos
plt.show() # Mostrar la figura
```

*Ejemplo de gráfico resultante*

*Interpretación de resultados*

1. **Caso ideal**:
   - Ambas curvas (entrenamiento y validación) convergen.
   - La precisión en validación es cercana a la de entrenamiento.
2. **Overfitting**:
   - La precisión en entrenamiento sube, pero la de validación se estanca o baja.
   - Ejemplo:
     - Training Accuracy: 98%
     - Validation Accuracy: 75%
3. **Underfitting**:
   - Ambas precisiones son bajas (el modelo no aprende).

A continuación, haga clic en el botón ejecutar y deben salir las métricas, como se aprecia en la figura 6.

```
709/709 ━━━━━━━━━━━━━━━━━━━━ 11s 15ms/step - accuracy: 0.9673 - loss
Test Loss: 0.5667
Test Accuracy: 0.9637
```

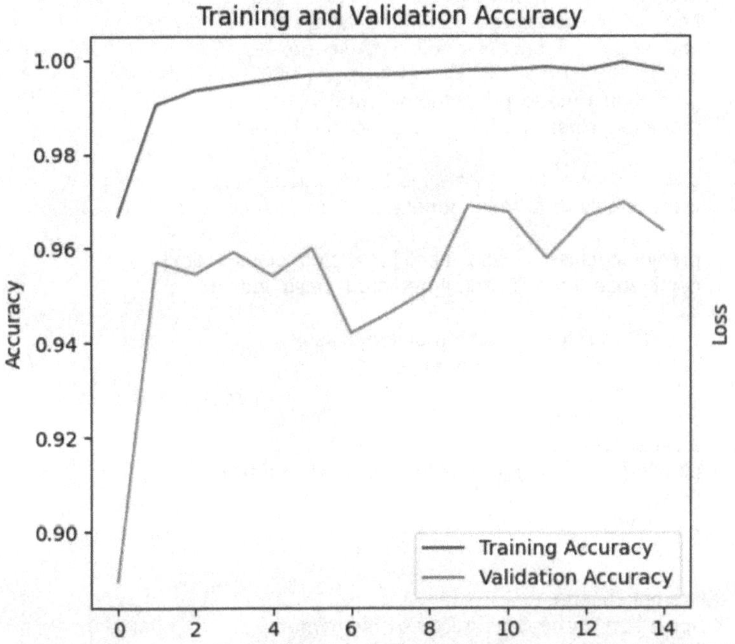


Figura 6. Resultado de las métricas de acuerdo al modelo entrenado.

A continuación, en el botón + Código adicione las siguientes líneas:

```
# Prueba del modelo entrenado
import numpy as np
from tensorflow.keras.preprocessing import image
import matplotlib.pyplot as plt

# ... (previous code remains the same) ...

# Load the saved model
from tensorflow.keras.models import load_model
model = load_model('fruits_modelMbNEtV2.h5') # or 'fruits_model.keras'
```

```
# Function to predict the image and show results
def predict_image(image_path):
    img = image.load_img(image_path, target_size=(100, 100))
    img_array = image.img_to_array(img)
    img_array = np.expand_dims(img_array, axis=0)
    img_array /= 255.  # Normalize the image

    prediction = model.predict(img_array)
    predicted_class_index = np.argmax(prediction)

    # Get the class labels from the training generator
    class_labels = list(train_generator.class_indices.keys())

    predicted_class = class_labels[predicted_class_index]
    confidence = prediction[0][predicted_class_index]

    print(f"Predicted Class: {predicted_class}")
    print(f"Confidence: {confidence:.4f}")

    # Display the image
    plt.imshow(img)
    plt.title(f"Prediction: {predicted_class} ({confidence:.4f})")
    plt.axis('off')
    plt.show()


# Example usage:
# Upload an image to your Colab environment
uploaded = files.upload()
image_name = list(uploaded.keys())[0]

predict_image(image_name)
```

Explicación del código de esta sección:

A continuación, haga clic en el botón ejecutar, debe salir un botón donde le pide que cargue la imagen, como se aprecia en la figura 7. Haga clic en el botón cargar, seleccione una imagen en su computadora que sea de frutas o vegetales y haga clic en abrir.

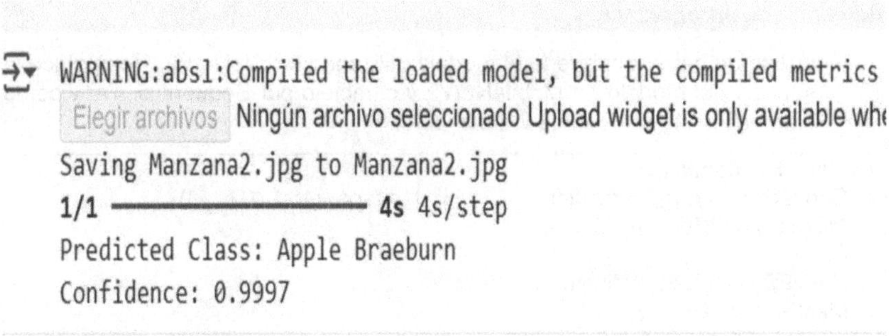


Figura 7. Carga de imagen para probar el modelo.

Al final debe salir la fruta o el vegetal con la predicción, como se aprecia en la figura 8.

Figura 8. Predicción de la fruta mediante el modelo entrenado.

***Actividad de aprendizaje***

- Luego de haber entrenado el modelo utilizando MobileNetV2. Reemplace la sección del modelo de MobileNetV2 y cámbielo por Sequential. Tal y como esta en las siguientes líneas de código:

```
model = Sequential([
    Conv2D(32, (3, 3), activation='relu', input_shape=(100, 100, 3)),
    MaxPooling2D(2, 2),

    Conv2D(64, (3, 3), activation='relu'),
    MaxPooling2D(2, 2),

    Flatten(),
    Dense(128, activation='relu'),
    Dropout(0.5),
    Dense(train_generator.num_classes, activation='softmax')
])

# Compilamos
model.compile(optimizer='adam', loss='categorical_crossentropy',
metrics=['accuracy'])

model.summary()
```

- Ejecútelo y nuevamente entrene el modelo.
- Haga una comparación con las métricas arrojadas por ambos modelos y diga cuál de ellas tiene mejor desempeño. Interpreta los resultados y comenta si los modelos tienen sobre ajustes (Overfitting) o precisiones bajas (Underfitting).
- Finalmente desarrolla una aplicación web que consuma el modelo y que permita visualizar la imagen, junto con la predicción y la exactitud.

El código fuente de este laboratorio se puede descargar del siguiente enlace:

https://github.com/jeliecergomez/Machine_Learning/blob/main/Fruit_Images_and_vegetables.ipynb

## 4.Entrenamiento de imágenes médicas.

## 4. Clasificación de imágenes médicas de resonancia magnética formato MRI, tomografía computarizada.

*4.1. Objetivo: Entrenar imágenes de tomografía computarizada del corazón para determinar afectaciones cardiacas.*

*4.2. Contexto del problema:*

En (Bernard et al, 2018), presentan como aporte central el conjunto de datos ACDC (Automatic Cardiac Diagnosis Challenge): una base de datos pública masiva de resonancias magnéticas cardíacas. Contiene 150 pacientes short-axis (30 por cada grupo: normales, infarto de miocardio, miocardiopatía dilatada, miocardiopatía hipertrófica y ventrículo derecho anómalo). Cada caso incluye dos fases (tensión y relajación ventricular) y segmentaciones manuales (volúmenes 3D de cavidades LV, RV y miocardio) realizadas por expertos clínicos. Además, tiene etiquetas de patología y medidas clínicas (volúmenes, fracciones de eyección, masa miocárdica).

Los autores formulan claramente sus objetivos: evaluar qué tan precisos son los métodos actuales de aprendizaje profundo en segmentar las cavidades y el miocardio en imágenes CMR, en diagnosticar la patología (clasificación), en qué casos fallan, y en qué medida el problema está resuelto. Como contribuciones destacan:

- ✓ El dataset ACDC con datos de múltiples patología y múltiples escáneres (1.5T/3T), pensado para uso clínico;

✓ Un marco de evaluación público con métricas geométricas (índice Dice, distancia Hausdorff 3D) y clínicas (correlación, sesgo, desviación de volúmenes y fracciones de eyección).

### *4.3. Clasificación patológica*

Las soluciones de diagnóstico automático parten de las segmentaciones (automáticas o manuales) para extraer características clínicamente relevantes (volúmenes ventriculares, EFs, masa miocárdica, formas cardíacas, etc.) y luego clasificar cinco patologías

### *4.4. Métricas de evaluación*

Para segmentación se empleó el Índice Dice y la distancia de Hausdorff 3D. El Dice mide solapamiento entre volúmenes segmentados vs referencia (1 = perfecto, 0 = sin coincidencia). La Hausdorff calcula la máxima distancia local entre superficies segmentadas y reales, capturando errores en bordes finos. Para las medidas clínicas se evaluó la correlación lineal, el sesgo medio y la desviación estándar entre las variables automáticas vs referencia (LVEDV, RVEDV normalizados a BSA; LVEF, RVEF; masa miocárdica). Así se cuantificó qué tan bien las segmentaciones automáticas reproducen volúmenes y EFs de interés clínico. Para la clasificación de patologías se utilizó la precisión global (accuracy) entre la clase predicha vs la real.

### *4.5. Resultados y comparación con expertos*

Los resultados reportados son notablemente buenos en general. En segmentación, los mejores métodos («ganadores» del reto) lograron Dice medios de ~0.97 para el endocardio LV y ~0.96 para la pared miocárdica, incluso ~0.95 para el RV en ED. La distancia Hausdorff típica fue del orden de 3–10 mm (valores reducidos para LV/miocardio y más altos en RV ES), lo que indica errores localizados moderados. Para las métricas clínicas, las correlaciones entre valores automáticos y de referencia fueron ~0.98 en LVEF/LVEDV (la más utilizada), con errores absolutos medios pequeños (~3–4%). El RVEF fue la magnitud más difícil (mejor corr≈0.90), reflejando mayor dificultad en segmentar el ventrículo derecho y al final de sístole. La precisión diagnóstica global alcanzó ~96%, lo que muestra que a partir de las segmentaciones se pudo distinguir correctamente la enfermedad cardíaca en el 96% de los casos. En Términos generales , los mejores métodos reproducen fielmente el análisis experto, obtuvieron correlación media de 0.97 para índices clínicos y accuracy 0.96 en diagnóstico.

Comparación con variabilidad humana: Los autores evaluaron la variabilidad intra/inter-observador obtenida al volver a segmentar manualmente los 50 casos de prueba por los expertos originales. Encontraron que entre observadores el Dice osciló entre 0.89 y 0.96 (dependiendo de estructura/fase) y la Hausdorff entre 4 y 14 mm. Las segmentaciones automáticas más precisas cayeron dentro del rango de variación humano . De hecho, los errores en volúmenes y EFs quedaron entre la variabilidad intra e inter-observador. Sin embargo, hay diferencia en Hausdorff: las técnicas DL quedan típicamente 2–3 mm por encima (peores) que el observador humano medio, debido a errores en regiones finas. Con todo, los autores concluyen que los métodos de DL de vanguardia reproducen la mayoría de índices clínicos en precisión similar a un experto.

¿Está resuelto el problema? Evaluación crítica

Los autores concluyen que están muy cerca de la automatización precisa del análisis CMR, pero no plenamente en la práctica clínica. Por un lado, los resultados "abren la puerta" a análisis automático de alta precisión (alta correlación y clasificación casi perfecta. De hecho, afirman estar "al borde" de resolver el problema en términos técnicos. Sin embargo, en la discusión enfatizan las limitaciones: los fallos en base/ápice y los errores anatómicos mostrados indican que no podemos afirmar que esté 100% resuelto. En la conclusión remarcan que, aunque los mejores CNN logran correlaciones excelentes y bajo sesgo en LVEDV/LVEF, "los métodos siguen fallando en la base y el ápice", especialmente en la Hausdorff. Además, subrayan la necesidad de métricas nuevas (que penalicen los casos anatómicamente imposibles) y más datos de calidad para abordar esos casos extremos.

En cuanto a la pregunta del título, los autores no responden con un "sí" categórico. Reconocen avances sustanciales: sus experimentos indican que en condiciones normales los algoritmos de DL igualan la precisión de expertos humanos. Pero también dejan claro que aún hay un trecho: las métricas actuales pueden ser engañosas, y los algoritmos aún generan errores clínicamente críticos en ~40% de los pacientes (aunque sean pocos cortes). Por ello concluyen que, si bien estamos "a las puertas" del objetivo, se necesitan más validaciones clínicas, mecanismos de seguridad (regulatorios) y métricas mejoradas antes de que pueda decirse que el problema está completamente resuelto. En síntesis, los autores responden de forma matizada: muestran que los métodos Deep Learning han alcanzado precisión comparable a la humana en general, pero argumentan convincentemente que aún no se debe declarar el problema cerrado debido a los casos límite no resueltos.

*4.6 Entrenamiento*

Descargue del sitio web el conjunto de datos de entrenamiento y de prueba https://humanheart-project.creatis.insa-lyon.fr/database/#collection/637218c173e9f0047faa00fb/folder/637218e573e9f0047faa00fc

Tal y como se observa en la figura 1.

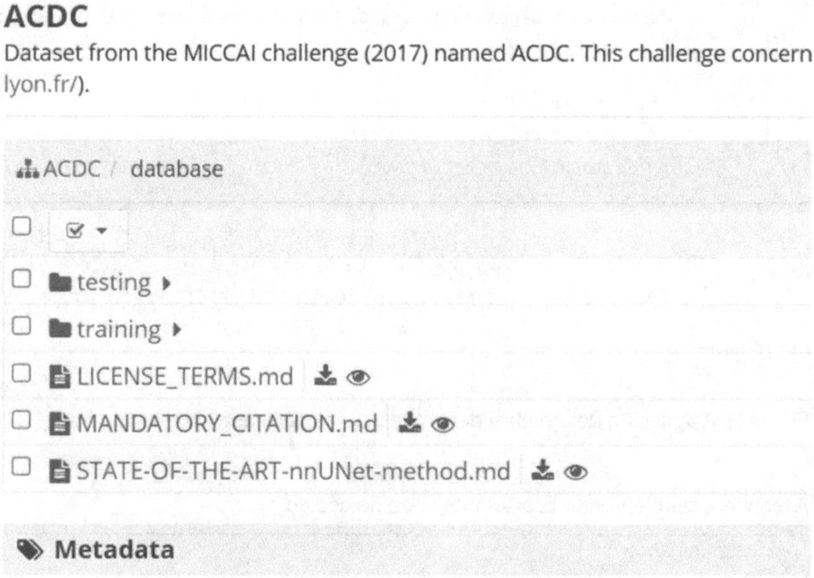


Figura 1. Dataset de imágenes cardiacas (Bernard et al, 2018).

A continuación, abra un nuevo notebook en Google Colab, adionele el nombre de HeartDisease_DL, tal y como se aprecia en la figura 2.

Figura 2. Asignación del nombre del proyecto HeartDisease_DL

A continuación, agregue la siguiente línea de código:

```
pip install nibabel
```

Explicación del código: el comando pip install nibabel instala la librería NiBabel en Python, una herramienta esencial para trabajar con imágenes médicas (como archivos .nii, .nii.gz, .dcm, y otros formatos).

A continuación, haga clic en el botón run

Seguidamente, una vez descargado los archivos de entrenamiento, súbalos al drive de su computadora y cargue las carpetas tal y como se aprecia en la figura 2.

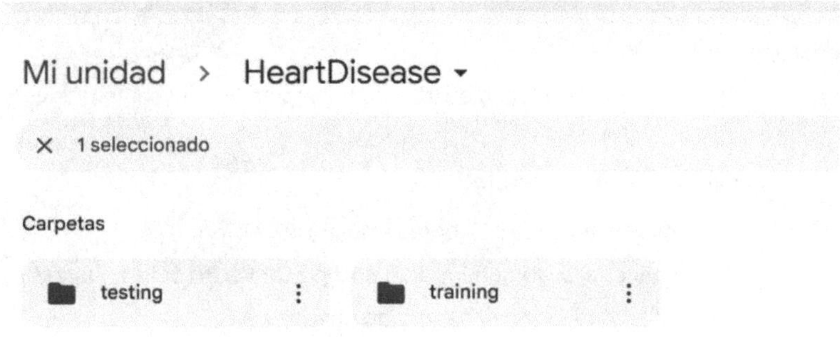


Figura 3. Carpeta HeartDisease

Descargado los archivos tal y como se aprecia en la figura 3, agregue las siguientes líneas de código:

```
#El dataset lo tenemos guardado en Google Drive, entonces lo importamos
desde allí
from google.colab import drive    #para poder acceder a Google drive
drive.mount('/content/drive')    #montamos la carpeta de Drive
import os

#Ahora indicaremos acá la ruta de la carpeta que contiene el conjunto de datos
folder_path = '/content/drive/MyDrive/HeartDisease/training/'
```

Explicación de las líneas de código:

1. Importar la librería **drive** de Google Colab

from google.colab import drive

- **Propósito**: Esta línea importa el módulo drive de la biblioteca google.colab, que permite integrar Google Drive con tu entorno de Google Colab.

- **¿Por qué es necesario?** Google Colab funciona en la nube, así que para acceder a tus archivos locales (guardados en Google Drive), debes "montar" tu Drive en el sistema de archivos virtual de Colab.

2. Montar Google Drive en Colab

drive.mount('/content/drive')

- **Propósito**: Monta tu Google Drive en la carpeta virtual /content/drive dentro de Colab.
- **¿Qué ocurre al ejecutarlo?**
    - Colab te mostrará un **enlace de autorización**.
    - Al hacer clic, se generará un **código de verificación** que debes copiar y pegar en el cuadro de entrada.
    - Una vez autenticado, tu Google Drive quedará accesible desde Colab en la ruta /content/drive/MyDrive/.

3. Importar la librería **os**

import os

- **Propósito**: El módulo os permite interactuar con el sistema operativo, como manipular rutas de archivos, crear carpetas, o listar archivos.
- **Uso típico**: Aquí se usará para navegar por la estructura de archivos de Google Drive (ej: os.listdir(folder_path) para ver archivos en una carpeta).

4. Definir la ruta del dataset

folder_path = '/content/drive/MyDrive/HeartDisease/training/'

- **Propósito**: Define la ruta donde están almacenados tus datos de entrenamiento en Google Drive.
- **Estructura de la ruta**:
    - /content/drive/: Carpeta donde se montó Google Drive.
    - MyDrive/: Corresponde a tu **Google Drive personal**.
    - HeartDisease/training/: Ruta específica dentro de tu Drive donde están los archivos del dataset.

- **Importante**:
  - Asegúrate de que la carpeta HeartDisease/training existe en tu Drive.
  - Si la ruta es incorrecta, obtendrás errores al intentar acceder a los archivos.

A continuación, haz clic en el botón + Código y adiciona las siguientes líneas de código:

```
import numpy as np
import nibabel as nib            # para leer archivos .nii
import tensorflow as tf
from tensorflow.keras import layers, models
from sklearn.model_selection import train_test_split
from sklearn.metrics import confusion_matrix
import matplotlib.pyplot as plt
import glob # This needs to be imported
```

Explicación de las líneas de código:

1. **import numpy as np**

- **Propósito**: Importa la librería **NumPy**, esencial para trabajar con **arrays multidimensionales** (como imágenes 3D/4D).
- **Uso típico**:
  - Manipular matrices de píxeles/voxeles de imágenes.
  - Realizar operaciones matemáticas (normalización, redimensionado).

---

2. **import nibabel as nib**

- **Propósito**: Importa **NiBabel**, la librería para leer/escribir archivos de neuroimagen como **NIfTI** (.nii, .nii.gz).

3. **import tensorflow as tf**

- **Propósito**: Importa **TensorFlow**, un framework para construir y entrenar modelos de **machine learning/deep learning**.
- **Uso típico**:
  - Crear redes neuronales convolucionales (CNN) para clasificación o segmentación de imágenes médicas.
  - Ejecutar modelos en GPU (aceleración por hardware en Colab).

4. **from tensorflow.keras import layers, models**

- **Propósito**: Accede a las clases layers y models de **Keras** (API de alto nivel de TensorFlow).

5. **from sklearn.model_selection import train_test_split**

- **Propósito**: Divide conjuntos de datos en **entrenamiento** y **validación/test**.

6. **from sklearn.metrics import confusion_matrix**

- **Propósito**: Evalúa el rendimiento de modelos de clasificación mediante una **matriz de confusión**.

7. **import matplotlib.pyplot as plt**

- **Propósito**: Genera visualizaciones (gráficos, imágenes, curvas de aprendizaje).
- **Uso típico**:
  - Mostrar cortes de imágenes médicas:

8. **import glob**

- **Propósito**: Busca archivos que coincidan con un patrón (útil para cargar datasets).

Haga clic en el botón run.

A continuación, haga clic en el botón + Código y adicione las siguientes líneas de código:

```
def cargar_datos(carpeta_raiz):
    imagenes = []
    mascaras = []

    for subcarpeta in os.listdir(carpeta_raiz):
        ruta_subcarpeta = os.path.join(carpeta_raiz, subcarpeta)
        if not os.path.isdir(ruta_subcarpeta):
            continue

        for archivo in os.listdir(ruta_subcarpeta):
            if archivo.endswith('.nii.gz') and ('frame01.nii.gz' in archivo or
'frame12.nii.gz' in archivo) and not '_gt.nii.gz' in archivo:
                ruta_img = os.path.join(ruta_subcarpeta, archivo)
                ruta_gt = ruta_img.replace('.nii.gz', '_gt.nii.gz')

                if not os.path.exists(ruta_gt):
                    continue

                img_vol = nib.load(ruta_img).get_fdata()
                msk_vol = nib.load(ruta_gt).get_fdata()

                if img_vol.shape != msk_vol.shape:
                    print(f"Skipping {archivo} due to shape mismatch: img
{img_vol.shape}, mask {msk_vol.shape}")
                    continue

                if img_vol.ndim != 3:
                    print(f"Skipping {archivo} due to non-3D volume: img
{img_vol.shape}")
                    continue

                for i in range(img_vol.shape[2]):  # Recorrer cada slice
                    img_slice = img_vol[:, :, i]
                    msk_slice = msk_vol[:, :, i]

                    if np.max(msk_slice) == 0:
                        continue  # Saltar slices sin información útil

                    # Normalizar imagen
                    img_slice = (img_slice - np.min(img_slice)) / (np.max(img_slice) -
np.min(img_slice) + 1e-8)
```

```
            # Redimensionar a 256x256 y expandir canal
            img_slice = tf.image.resize(img_slice[..., np.newaxis], [256,
256]).numpy()
            msk_slice = tf.image.resize(msk_slice[..., np.newaxis], [256,
256]).numpy()

            imagenes.append(img_slice)
            mascaras.append(msk_slice)

    if len(imagenes) == 0 or len(mascaras) == 0:
        raise ValueError("No se cargaron imágenes o máscaras válidas")

    X = np.array(imagenes, dtype=np.float32)
    Y = np.array(mascaras, dtype=np.float32)

    return X, Y
```

Explicación de las líneas de código:

1. Inicialización de listas

```
imagenes = []
mascaras = []
```

- **Objetivo**: Almacenar slices (cortes 2D) de imágenes y sus máscaras correspondientes.

---

2. Recorrido de subcarpetas

```
for subcarpeta in os.listdir(carpeta_raiz):
    ruta_subcarpeta = os.path.join(carpeta_raiz, subcarpeta)
    if not os.path.isdir(ruta_subcarpeta):
        continue
```

- **Acción**: Itera sobre todos los elementos en la carpeta raíz.
- **Filtro**: Solo procesa subcarpetas (ignora archivos sueltos).

3. Búsqueda de archivos .nii.gz específicos

```
for archivo in os.listdir(ruta_subcarpeta):
  if archivo.endswith('.nii.gz')
    and ('frame01.nii.gz' in archivo or 'frame12.nii.gz' in archivo)
    and not '_gt.nii.gz' in archivo:
```

- **Criterios**:
  - Archivos NIfTI comprimidos (.nii.gz).
  - Nombres que contienen frame01 o frame12 (ej: secuencias temporales).
  - Excluye archivos con _gt (máscaras).

4. Construcción de rutas de imagen/máscara

```
ruta_img = os.path.join(ruta_subcarpeta, archivo)
ruta_gt = ruta_img.replace('.nii.gz', '_gt.nii.gz')
```

- **Ejemplo**:
  - Imagen: paciente1_frame01.nii.gz
  - Máscara: paciente1_frame01_gt.nii.gz

5. Validación de existencia de máscara

```
if not os.path.exists(ruta_gt):
  continue
```

- **Propósito**: Asegura que cada imagen tenga su máscara correspondiente.

6. Carga de volúmenes 3D

```
img_vol = nib.load(ruta_img).get_fdata() # Volumen 3D (ej: 256x256x20)
msk_vol = nib.load(ruta_gt).get_fdata()
```

- **Salida**: Arrays NumPy 3D (alto x ancho x slices).

7. Validación de dimensiones

```
if img_vol.shape != msk_vol.shape:
  print(f"Skipping {archivo}...")
  continue

if img_vol.ndim != 3:
  print(f"Skipping {archivo}...")
  continue
```

- **Chequeos**:
    - La imagen y máscara tienen las mismas dimensiones.
    - El volumen es 3D (no 2D ni 4D).

8. Procesamiento por slice (corte 2D)

```
for i in range(img_vol.shape[2]):  # Eje Z (slices)
  img_slice = img_vol[:, :, i]
  msk_slice = msk_vol[:, :, i]

  if np.max(msk_slice) == 0:
    continue  # Ignora slices vacíos
```

- **Filtro clave**: Descarta slices donde la máscara es totalmente negra (sin segmentación útil).

9. Normalización de la imagen

```
img_slice = (img_slice - np.min(img_slice)) / (np.max(img_slice) - np.min(img_slice
) + 1e-8)
```

- **Objetivo**: Escala los valores de píxeles al rango [0, 1].
- 1e-8: Evita división por cero si el slice es uniforme.

10. Redimensionamiento a 256x256

```
img_slice = tf.image.resize(img_slice[..., np.newaxis], [256, 256]).numpy()
msk_slice = tf.image.resize(msk_slice[..., np.newaxis], [256, 256]).numpy()
```

- **Detalles**:
    - [..., np.newaxis]: Añade dimensión de canal (requerido por Keras).
    - tf.image.resize: Interpolación automática (bilineal para imágenes, nearest para máscaras podría ser mejor).
    - **Problema común**: El redimensionamiento de máscaras con interpolación puede suavizar etiquetas (mejor usar method=tf.image.ResizeMethod.NEAREST_NEIGHBOR).

11. Almacenamiento en listas

```
imagenes.append(img_slice)
mascaras.append(msk_slice)
```

- **Formato final**:
    - Cada elemento en imagenes y mascaras es un array de forma (256, 256, 1).

12. Validación y conversión a arrays NumPy

```
if len(imagenes) == 0 or len(mascaras) == 0:
    raise ValueError("No se cargaron imágenes/máscaras")

X = np.array(imagenes, dtype=np.float32)  # Formato: (muestras, 256, 256, 1)
Y = np.array(mascaras, dtype=np.float32)
```

- **Nota**: float32 es el tipo de dato esperado por TensorFlow.

Haga clic en el botón + Código y adicione las siguientes líneas de código:

```
# mostrar imágenes a color y escala de grises

# Cargar datos (asumiendo que la función cargar_datos está definida como en el
código anterior)
X, Y = cargar_datos(folder_path)

# Mostrar algunas imágenes a color y escala de grises
num_images_to_show = 5 # Número de imágenes a mostrar

for i in range(num_images_to_show):
    plt.figure(figsize=(10, 5))

    # Imagen a color
    plt.subplot(1, 2, 1)
    plt.imshow(X[i, :, :, 0], cmap='gray') # Mostrar la imagen en escala de grises
    plt.title(f"Imagen a color {i+1}")
    plt.axis('off')

    # Imagen en escala de grises
    plt.subplot(1, 2, 2)
    plt.imshow(X[i, :, :, 0], cmap='gray') # Mostrar la imagen en escala de grises
    plt.title(f"Imagen en escala de grises {i+1}")
    plt.axis('off')

    plt.show()
```

Explicación de las anteriores líneas de código:

1. **Carga de datos**:
   ```
   X, Y = cargar_datos(folder_path)
   ```
   - **Propósito**: Llama a la función previamente definida cargar_datos() para obtener:
     - X: Array de imágenes (formato (num_imagenes, 256, 256, 1)).
     - Y: Máscaras de segmentación.
2. **Configuración inicial**:
   ```
   num_images_to_show = 5
   ```
   - Define cuántas imágenes se mostrarán (en este caso, 5 pares).
3. **Bucle de visualización**:
   ```
   for i in range(num_images_to_show):
       plt.figure(figsize=(10, 5))
   ```
   - Crea una figura de 10x5 pulgadas para cada par de imágenes.
4. **Subplot 1 - "Imagen a color"**:
   ```
   plt.subplot(1, 2, 1)
   plt.imshow(X[i, :, :, 0], cmap='gray')
   plt.title(f"Imagen a color {i+1}")
   plt.axis('off')
   ```
   - X[i, :, :, 0]: Selecciona el slice i-ésimo y elimina la dimensión del canal (formato 256x256).
   - cmap='gray': Muestra en escala de grises (contradice el título "a color").
5. **Subplot 2 - "Imagen en escala de grises"**:
   ```
   plt.subplot(1, 2, 2)
   plt.imshow(X[i, :, :, 0], cmap='gray')
   plt.title(f"Imagen en escala de grises {i+1}")
   plt.axis('off')
   ```
   - **Es idéntico al primero**: Mismo código y mismo colormap.

Haga clic en el botón run, debe salir algo como se aprecia en la figura 4.

```
plt.show()
```

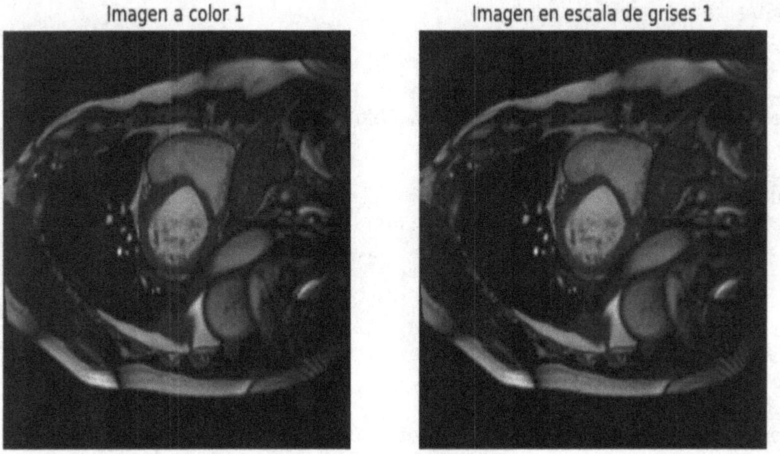


Figura 4. Visualización de figuras del dataset.

A continuación, haga clic en + Código y agregue las siguientes líneas de código:

```
# Paso 3: Definir la arquitectura U-Net
# Paso 3: Definir la arquitectura U-Net
def unet_model(input_size=(256, 256, 1), num_classes=4):
    inputs = layers.Input(input_size)

    # Encoder
    c1 = layers.Conv2D(32, 3, activation='relu', padding='same')(inputs)
    c1 = layers.Conv2D(32, 3, activation='relu', padding='same')(c1)
    p1 = layers.MaxPooling2D()(c1)

    c2 = layers.Conv2D(64, 3, activation='relu', padding='same')(p1)
    c2 = layers.Conv2D(64, 3, activation='relu', padding='same')(c2)
    p2 = layers.MaxPooling2D()(c2)

    c3 = layers.Conv2D(128, 3, activation='relu', padding='same')(p2)
    c3 = layers.Conv2D(128, 3, activation='relu', padding='same')(c3)
    p3 = layers.MaxPooling2D()(c3)
```

```
# Bridge
c4 = layers.Conv2D(256, 3, activation='relu', padding='same')(p3)
c4 = layers.Conv2D(256, 3, activation='relu', padding='same')(c4)

# Decoder
u5 = layers.UpSampling2D()(c4)
u5 = layers.concatenate([u5, c3])
c5 = layers.Conv2D(128, 3, activation='relu', padding='same')(u5)
c5 = layers.Conv2D(128, 3, activation='relu', padding='same')(c5)

u6 = layers.UpSampling2D()(c5)
u6 = layers.concatenate([u6, c2])
c6 = layers.Conv2D(64, 3, activation='relu', padding='same')(u6)
c6 = layers.Conv2D(64, 3, activation='relu', padding='same')(c6)

u7 = layers.UpSampling2D()(c6)
u7 = layers.concatenate([u7, c1])
c7 = layers.Conv2D(32, 3, activation='relu', padding='same')(u7)
c7 = layers.Conv2D(32, 3, activation='relu', padding='same')(c7)

outputs = layers.Conv2D(num_classes, 1, activation='softmax')(c7)

model = models.Model(inputs, outputs)
return model
```

Explicación de las anteriores líneas de código:

1. Definición de Entrada

```
inputs = layers.Input(input_size)  # input_size = (256, 256, 1)
```

- **Formato de entrada**: Imágenes de 256x256 píxeles en escala de grises (1 canal).

2. Encoder (Downsampling)

Bloque 1

```
c1 = Conv2D(32, 3, activation='relu', padding='same')(inputs)
c1 = Conv2D(32, 3, activation='relu', padding='same')(c1)
p1 = MaxPooling2D()(c1)  # Reduce tamaño a 128x128
```

- Dos capas convolucionales con 32 filtros (kernel 3x3).
- padding='same': Mantiene el tamaño espacial (256x256).
- **MaxPooling2D**: Reduce la resolución a la mitad (128x128).

Bloque 2

```
c2 = Conv2D(64, 3, activation='relu', padding='same')(p1)
c2 = Conv2D(64, 3, activation='relu', padding='same')(c2)
p2 = MaxPooling2D()(c2)  # Reduce a 64x64
```

- Duplica los filtros (64) para capturar características más complejas.

Bloque 3

```
c3 = Conv2D(128, 3, activation='relu', padding='same')(p2)
c3 = Conv2D(128, 3, activation='relu', padding='same')(c3)
p3 = MaxPooling2D()(c3)  # Reduce a 32x32
```

- Filtros aumentados a 128.

3. Bridge (Cuello de Botella)

```
c4 = Conv2D(256, 3, activation='relu', padding='same')(p3)  # 32x32x256
c4 = Conv2D(256, 3, activation='relu', padding='same')(c4)
```

- Capa más profunda de la red (256 filtros).
- **Propósito**: Extraer características de alto nivel sin contexto espacial.

4. Decoder (Upsampling)

Bloque 1 (Expansión)

```
u5 = UpSampling2D()(c4)  # Aumenta a 64x64
u5 = concatenate([u5, c3])  # Conexión de salto con c3 (64x64x128)
c5 = Conv2D(128, 3, activation='relu', padding='same')(u5)
c5 = Conv2D(128, 3, activation='relu', padding='same')(c5)
```

- **UpSampling2D**: Duplica la resolución (de 32x32 a 64x64).
- **Conexión de salto**: Combina características del encoder (c3) y decoder (u5).

Bloque 2

```
u6 = UpSampling2D()(c5)  # 128x128
u6 = concatenate([u6, c2])  # c2 es 128x128x64
c6 = Conv2D(64, 3, activation='relu', padding='same')(u6)
```

```
c6 = Conv2D(64, 3, activation='relu', padding='same')(c6)
```
Bloque 3

```
u7 = UpSampling2D()(c6)  # 256x256
u7 = concatenate([u7, c1])  # c1 es 256x256x32
c7 = Conv2D(32, 3, activation='relu', padding='same')(u7)
c7 = Conv2D(32, 3, activation='relu', padding='same')(c7)
```
5. Capa de Salida

```
outputs = Conv2D(num_classes, 1, activation='softmax')(c7)  # 256x256x4
```

- **Conv2D con 1x1**: Mapea los 32 canales a num_classes (4 clases).
- **Softmax**: Genera probabilidades por píxel para cada clase (asume clases mutuamente excluyentes).

Haga clic en el botón run.

A continuación, haga clic en el botón + Código y agrega las siguientes líneas de código:

```
import tensorflow.keras.backend as K

# Dice Coefficient
def dice_coef(y_true, y_pred, smooth=1e-6):
    y_true_f = K.flatten(y_true)
    y_pred_f = K.flatten(y_pred)
    intersection = K.sum(y_true_f * y_pred_f)
    return (2. * intersection + smooth) / (K.sum(y_true_f) + K.sum(y_pred_f) +
smooth)

# IoU (Intersection over Union)
def iou_coef(y_true, y_pred, smooth=1e-6):
    y_true_f = K.flatten(y_true)
    y_pred_f = K.flatten(y_pred)
    intersection = K.sum(y_true_f * y_pred_f)
    union = K.sum(y_true_f) + K.sum(y_pred_f) - intersection
    return (intersection + smooth) / (union + smooth)
```

Explicación de las líneas de código:

1. Contexto de Uso

Estas métricas miden la superposición entre las predicciones del modelo y las máscaras reales (ground truth). Son especialmente útiles cuando:

- Las clases están desbalanceadas (ej: mucho fondo y pocos píxeles de tumor).
- Se necesita evaluar la calidad de la segmentación, no solo la precisión bruta.

---

2. Función **dice_coef** (Coeficiente de Dice)

```
def dice_coef(y_true, y_pred, smooth=1e-6):
    y_true_f = K.flatten(y_true)  # Aplana y_true a 1D (ej: de [256,256,1] a [65536])
    y_pred_f = K.flatten(y_pred)  # Aplana y_pred a 1D
    intersection = K.sum(y_true_f * y_pred_f)  # Calcula la intersección (píxeles corr
ectamente clasificados)
    return (2. * intersection + smooth) / (K.sum(y_true_f) + K.sum(y_pred_f) + smoot
h)
```

- **Propósito**:
  - Evalúa cuánto se solapan las regiones segmentadas (y_pred) con las verdaderas (y_true).
  - Rango: 0 (ningún solap) a 1 (solap perfecto).
- **Parámetro** smooth:
  - Evita divisiones por cero si no hay píxeles positivos en y_true o y_pred.
  - Suaviza el resultado para estabilidad numérica.

3. Función **iou_coef** (Intersection over Union)

```
def iou_coef(y_true, y_pred, smooth=1e-6):
    y_true_f = K.flatten(y_true)
    y_pred_f = K.flatten(y_pred)
```

```
    intersection = K.sum(y_true_f * y_pred_f)
    union = K.sum(y_true_f) + K.sum(y_pred_f) - intersection  # Unión = A + B - (A
∩ B)
    return (intersection + smooth) / (union + smooth)
```

**Propósito**:

- Mide la proporción de píxeles solapados respecto al área combinada de ambas regiones.
- Rango: 0 a 1 (1 = superposición perfecta).

---

4. ¿Por qué se usan en segmentación médica?

- **Ignoran el fondo**: Enfocan métricas en las regiones de interés (ej: tumores).
- **Robustas al desbalance**: Funcionan mejor que accuracy cuando hay clases dominantes.
- **Diferenciables**: Pueden usarse como funciones de pérdida (ej: 1 - dice_coef).

Haga clic en el botón run.

A continuación, haga clic en el botón + Código y agregue las siguientes líneas de código:

```
def entrenar_modelo(base_path):
    X, Y = cargar_datos(base_path)

    # Asegurarse que X tiene forma (batch, height, width, channels)
    if X.ndim == 3:
        X = X[..., np.newaxis]
    elif X.ndim == 2:
        X = np.expand_dims(np.expand_dims(X, axis=0), axis=-1)
    elif X.ndim == 1:
        X = np.expand_dims(np.expand_dims(np.expand_dims(X, axis=0), axis=-
1), axis=0)
```

```
# Redimensionar imágenes a 256x256
X = tf.image.resize(X, [256, 256]).numpy()

# Preparar Y
if Y.ndim < 3:
    while Y.ndim < 3:
        Y = np.expand_dims(Y, axis=-1)
Y = tf.image.resize(Y, [256, 256], method='nearest').numpy()
Y = Y.squeeze(axis=-1).astype(np.uint8)
Y = tf.one_hot(Y, depth=4)

# División en entrenamiento, validación y prueba
X_temp, X_test, Y_temp, Y_test = train_test_split(X, Y.numpy(), test_size=0.1,
random_state=42)
X_train, X_val, Y_train, Y_val = train_test_split(X_temp, Y_temp,
test_size=0.1, random_state=42)

# Modelo
model = unet_model(input_size=(256, 256, 1), num_classes=4)
model.compile(optimizer='adam',
              loss='categorical_crossentropy',
              metrics=['accuracy', dice_coef, iou_coef])

# Entrenamiento
history = model.fit(X_train, Y_train,
                    validation_data=(X_val, Y_val),
                    epochs=30,
                    batch_size=8)

# Guardar modelo
model.save('unet_heart_segmentation.h5')

# Graficar métricas
plt.figure(figsize=(18, 5))

# Pérdida
plt.subplot(1, 3, 1)
plt.plot(history.history['loss'], label='Pérdida Entrenamiento')
plt.plot(history.history['val_loss'], label='Pérdida Validación')
plt.title('Pérdida')
plt.xlabel('Épocas')
plt.ylabel('Valor')
plt.legend()
```

```
# Dice
plt.subplot(1, 3, 2)
plt.plot(history.history['dice_coef'], label='Dice Entrenamiento')
plt.plot(history.history['val_dice_coef'], label='Dice Validación')
plt.title('Dice Coefficient')
plt.xlabel('Épocas')
plt.ylabel('Valor')
plt.legend()

# IoU
plt.subplot(1, 3, 3)
plt.plot(history.history['iou_coef'], label='IoU Entrenamiento')
plt.plot(history.history['val_iou_coef'], label='IoU Validación')
plt.title('Intersection over Union (IoU)')
plt.xlabel('Épocas')
plt.ylabel('Valor')
plt.legend()

plt.tight_layout()
plt.show()
return model, X_test, Y_test
```

Explicación del Código:

1. Carga y Preprocesamiento de Datos

**Carga Inicial**

```
X, Y = cargar_datos(base_path)
```

- **Propósito**: Carga imágenes (X) y máscaras (Y) usando una función predefinida (cargar_datos).

Ajuste de Dimensiones para **X**

```
if X.ndim == 3:  # Formato (muestras, height, width)
    X = X[..., np.newaxis]  # Agrega canal (muestras, h, w, 1)
elif X.ndim == 2:  # Si es una sola imagen 2D
    X = np.expand_dims(np.expand_dims(X, axis=0), axis=-1)  # (1, h, w, 1)
```

- **Problema resuelto**: Asegura que X tenga la forma (batch, height, width, channels) requerida por TensorFlow.

Redimensionamiento de Imágenes

```
X = tf.image.resize(X, [256, 256]).numpy()
```

- **Objetivo**: Uniformiza todas las imágenes a 256x256 píxeles.
- **Advertencia**: Si ya se redimensionó en cargar_datos, esto podría ser redundante y alterar la calidad.

2. Preparación de las Máscaras (**Y**)

Ajuste de Dimensiones

```
if Y.ndim < 3:
    while Y.ndim < 3:
        Y = np.expand_dims(Y, axis=-1)
```

- **Ejemplo**: Convierte (batch, height) → (batch, height, 1).

Redimensionamiento con Método "Nearest"

```
Y = tf.image.resize(Y, [256, 256], method='nearest').numpy()
```

- method='nearest': Evita interpolación que distorsione etiquetas (ej: 0, 1, 2, 3 para clases).

One-Hot Encoding

```
Y = Y.squeeze(axis=-1).astype(np.uint8)
Y = tf.one_hot(Y, depth=4)
```

- **Transformación**:

  (batch, 256, 256) → (batch, 256, 256, 4) (4 = número de clases).

  - Cada píxel se convierte en un vector de 4 elementos (ej: [0,0,1,0] para la clase 2).

---

3. División del Dataset

```
X_temp, X_test, Y_temp, Y_test = train_test_split(X, Y.numpy(), test_size=0.1)
```

X_train, X_val, Y_train, Y_val = train_test_split(X_temp, Y_temp, test_size=0.1)

- **Proporciones finales**:
  - **Train**: 81% (0.9 * 0.9).
  - **Validation**: 9% (0.9 * 0.1).
  - **Test**: 10%.
- **Problema**: No usa stratify → Riesgo de desbalance en clases minoritarias.

---

4. Construcción y Entrenamiento del Modelo

Arquitectura U-Net

model = unet_model(input_size=(256, 256, 1), num_classes=4)

- **Salida**: Tensor de forma (batch, 256, 256, 4) (probabilidades por clase).

Compilación

```
model.compile(optimizer='adam',
          loss='categorical_crossentropy',
          metrics=['accuracy', dice_coef, iou_coef])
```

Entrenamiento

```
history = model.fit(X_train, Y_train,
              validation_data=(X_val, Y_val),
              epochs=30,
              batch_size=8)
```

- **Hiperparámetros**:
  - batch_size=8: Adecuado para GPUs con poca memoria (pero lento en CPU).
  - epochs=30: Puede ser insuficiente para convergencia en datos complejos.

5. Guardado del Modelo

model.save('unet_heart_segmentation.h5')

- **Formato** .h5: Estándar en Keras, pero limita funcionalidades avanzadas (ej: modelos custom).

6. Visualización de Métricas

Pérdida (Loss)

```
plt.plot(history.history['loss'], label='Entrenamiento')
plt.plot(history.history['val_loss'], label='Validación')
```

- **Interpretación**:
    - Si val_loss sube y loss baja → **Overfitting**.
    - Si ambas estancadas → **Modelo insuficiente** o **hiperparámetros inadecuados**.

Haga clic en el botón run. Debe salir el entrenamiento y las métricas como se observa en la figura 5.

```
113/113 ━━━━━━━━━━━━━━━━━━━━ 21s 135ms/step - accuracy: 0.9963 -
WARNING:absl:You are saving your model as an HDF5 file via `mode
```

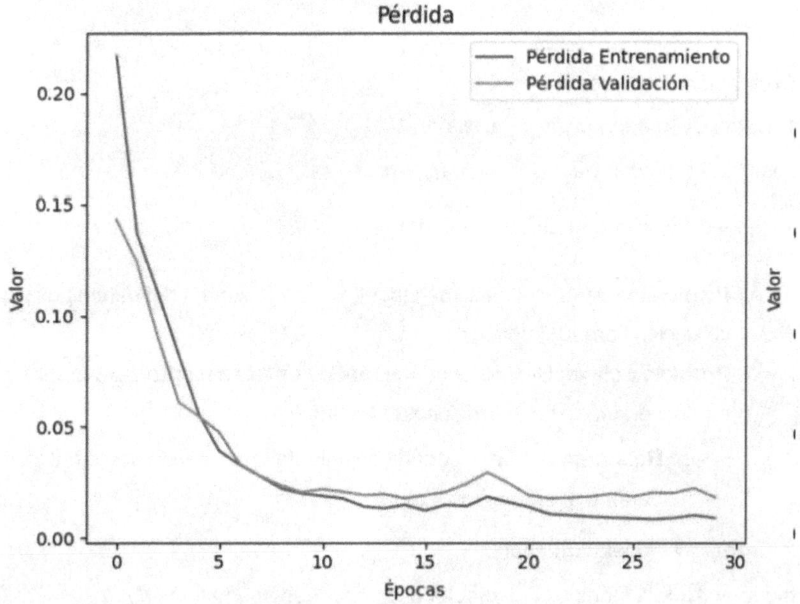

Figura 5. Entrenamiento y métricas.

A continuación, haga clic en el botón + Código y agregue las siguientes líneas de código:

```
# Cargar imágenes para prueba (por ejemplo, del mismo set de entrenamiento)
base_path = folder_path
imagenes, _ = cargar_datos(base_path) # solo imágenes
# Load the trained model
model = tf.keras.models.load_model('unet_heart_segmentation.h5')
# Predecir
predicciones = model.predict(imagenes)

# Obtener la clase más probable por pixel
pred_clases = tf.argmax(predicciones, axis=-1).numpy()

# Visualizar
print("Visualizando resultado de segmentación...")
visualizar_resultado(imagenes, pred_clases, 2)
```

Explicación del código:

1. Carga de Imágenes para Prueba

```
base_path = folder_path # Asume que folder_path ya está definido (ej: ruta a dato
s)
imagenes, _ = cargar_datos(base_path) # "_" ignora las máscaras (segundo valor
retornado)
```

- **Propósito**: Carga solo las imágenes (no las máscaras) del dataset usando la función cargar_datos.
- **Problema clave**: Si usas el **mismo set de entrenamiento** para probar, el modelo podría estar sobreajustado (*overfitting*).
    - **Recomendación**: Usar un conjunto de test independiente (no visto durante el entrenamiento).

2. Carga del Modelo Entrenado

```
model = tf.keras.models.load_model('unet_heart_segmentation.h5')
```

- **Funcionamiento**: Carga el modelo U-Net previamente guardado (archivo .h5).
- **Advertencia**: Si el modelo usó métricas personalizadas (como dice_coef), debes definirlas al cargar:
  model = tf.keras.models.load_model('modelo.h5', custom_objects={'dice_coef': dice_coef})

  De lo contrario, fallará.

3. Generación de Predicciones

predicciones = model.predict(imagenes)

- **Salida**: Un array 4D con forma (num_imagenes, 256, 256, 4).
  - Cada píxel tiene 4 valores (probabilidades para las 4 clases).
  - Ejemplo: predicciones[0, 100, 100, :] = [0.1, 0.7, 0.1, 0.1] → Clase 1 (segunda posición).

4. Obtención de Clases por Píxel

pred_clases = tf.argmax(predicciones, axis=-1).numpy()

- tf.argmax(axis=-1): Selecciona el índice de la clase con mayor probabilidad en el último eje (clases).
- **Resultado**: Array 3D con forma (num_imagenes, 256, 256).
  - Cada píxel es un entero entre 0 y 3 (ej: 0 = fondo, 1 = ventrículo izquierdo, etc.).

5. Visualización de Resultados

visualizar_resultado(imagenes, pred_clases, 2)

- **Supuesto**: La función visualizar_resultado muestra una imagen junto a su máscara predicha.
- **Parámetros**:
  - imagenes: Imágenes originales (formato (num_imagenes, 256, 256, 1)).
  - pred_clases: Máscaras segmentadas ((num_imagenes, 256, 256)).

- 2: Índice de la imagen a visualizar (ej: la tercera imagen del conjunto).

Haga clic en el botón run, se debe mostrar las imágenes como se aprecia en la figura 6.

```
WARNING:absl:Compiled the loaded model, but the compiled metrics have yet to be built. `model.compile_metrics`
WARNING:tensorflow:5 out of the last 11 calls to <function TensorFlowTrainer.make_predict_function.<locals>.on
35/35 ━━━━━━━━━━━━━━━━━━━━ 16s 428ms/step
Visualizando resultado de segmentación...
```

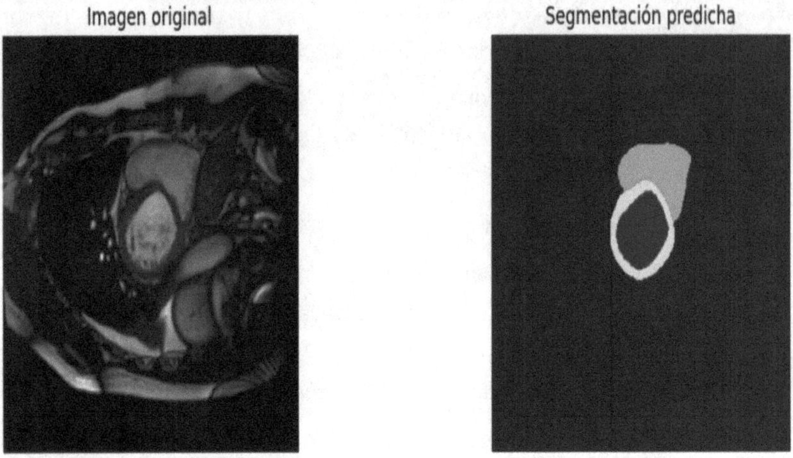


Figura 6. Predicciones de imágenes

El código lo puede obtener de este enlace: https://github.com/jeliecergomez/Machine_Learning/blob/main/HeartDisease_DL.ipynb

Actividad

Calcules las métricas de predicción tomando una imagen de prueba.

## 5. Referencias


Alkhairi, P., & Windarto, A. P. (2023). Classification analysis of back propagation-optimized CNN performance in image processing. Journal of Systems Engineering and Information Technology (JOSEIT), 2(1), 8-15.

Arras, L., Montavon, G., Müller, K. R., & Samek, W. (2017). Explaining recurrent neural network predictions in sentiment analysis. arXiv preprint arXiv:1706.07206.

Arjun Tejaswi, 2019. Plants diesases, web site https://www.kaggle.com/datasets/arjuntejaswi/plant-village/data, visitado en enero de 2025.

Atienza, R. (2018). Advanced Deep Learning with Keras: Apply deep learning techniques, autoencoders, GANs, variational autoencoders, deep reinforcement learning, policy gradients, and more. Packt Publishing Ltd.

Bernard, O., Lalande, A., Zotti, C., Cervenansky, F., Yang, X., Heng, P. A., ... & Jodoin, P. M. (2018). Deep learning techniques for automatic MRI cardiac multi-structures segmentation and diagnosis: is the problem solved?. IEEE transactions on medical imaging, 37(11), 2514-2525.

Datta, D., David, P. E., Mittal, D., & Jain, A. (2020). Neural machine translation using recurrent neural network. International Journal of Engineering and Advanced Technology, 9(4), 1395-1400.

Ehrhardt, J., & Wilms, M. (2022). Autoencoders and variational autoencoders in medical image analysis. In Biomedical Image Synthesis and Simulation (pp. 129-162). Academic Press.

Fan, F., Cong, W., & Wang, G. (2018). Generalized backpropagation algorithm for training second-order neural networks. International journal for numerical methods in biomedical engineering, 34(5).

Fu, Q., Han, Z., Chen, J., Lu, Y., Wu, H., & Wang, Y. (2022). Applications of reinforcement learning for building energy efficiency control: A review. Journal of Building Engineering, 50, 104165.

García Cuenca, L., Puertas, E., Fernandez Andrés, J., & Aliane, N. (2019). Autonomous driving in roundabout maneuvers using reinforcement learning with Q-learning. Electronics, 8(12), 1536.

Gelves Higuera, C. C. (2021). Comparación de modelos de inteligencia artificial para el diagnóstico de arritmia cardiaca mediante información de electrocardiogramas.

Grüning, A. (2007). Elman backpropagation as reinforcement for simple recurrent networks. Neural computation, 19(11), 3108-3131.

Krishnan, K., Kassab, R., Agajanian, S., & Verkhivker, G. (2022). Interpretable Machine Learning Models for Molecular Design of Tyrosine Kinase Inhibitors Using Variational Autoencoders and Perturbation-Based Approach of Chemical Space Exploration. International Journal of Molecular Sciences, 23(19), 11262.

Liu, Y., Logan, B., Liu, N., Xu, Z., Tang, J., & Wang, Y. (2017, August). Deep reinforcement learning for dynamic treatment regimes on medical registry data.

In 2017 IEEE international conference on healthcare informatics (ICHI) (pp. 380-385). IEEE.

Moghar, A., & Hamiche, M. (2020). Stock market prediction using LSTM recurrent neural network. Procedia computer science, 170, 1168-1173.

Naik, N., Hameed, B. M., Shetty, D. K., Swain, D., Shah, M., Paul, R., ... & Somani, B. K. (2022). Legal and ethical consideration in artificial intelligence in healthcare: who takes responsibility?. Frontiers in surgery, 9, 862322.

Oh, J., Hessel, M., Czarnecki, W. M., Xu, Z., van Hasselt, H. P., Singh, S., & Silver, D. (2020). Discovering reinforcement learning algorithms. Advances in Neural Information Processing Systems, 33, 1060-1070.

O'shea, K., & Nash, R. (2015). An introduction to convolutional neural networks. arXiv preprint arXiv:1511.08458.

Oltean Mihai, (2018). Fruit-Images-Dataset. Web Site https://github.com/Horea94/Fruit-Images-Dataset, visitado el 20 de febrero de 2024.

Park, J. S., & Park, J. H. (2020). Enhanced machine learning algorithms: deep learning, reinforcement learning, and q-learning. Journal of Information Processing Systems, 16(5), 1001-1007.

Qiang, W., & Zhongli, Z. (2011, August). Reinforcement learning model, algorithms and its application. In 2011 International Conference on Mechatronic Science, Electric Engineering and Computer (MEC) (pp. 1143-1146). IEEE.

Rojas, R., & Rojas, R. (1996). The backpropagation algorithm. Neural networks: a systematic introduction, 149-182.

Sewak, M., Sahay, S. K., & Rathore, H. (2020). An overview of deep learning architecture of deep neural networks and autoencoders. Journal of Computational and Theoretical Nanoscience, 17(1), 182-188.

Sharma, S., Sharma, S., & Athaiya, A. (2017). Activation functions in neural networks. Towards Data Sci, 6(12), 310-316.

Wang, S. C. (2003). Artificial neural network. In Interdisciplinary computing in java programming (pp. 81-100). Boston, MA: Springer US.

Wu, J. (2017). Introduction to convolutional neural networks. National Key Lab for Novel Software Technology. Nanjing University. China, 5(23), 495.

Wu, Y. C., & Feng, J. W. (2018). Development and application of artificial neural network. Wireless Personal Communications, 102, 1645-1656.

Yan, H., & Xu, X. (2020). End-to-end video subtitle recognition via a deep residual neural network. Pattern Recognition Letters, 131, 368-375.

Yang, J., Yu, K., & Huang, T. (2010, June). Supervised translation-invariant sparse coding. In 2010 IEEE Computer Society Conference on Computer Vision and Pattern Recognition (pp. 3517-3524). IEEE.

Druck:
CPI Druckdienstleistungen GmbH
im Auftrag der
Kolibri 360 GmbH
Ferdinand-Jühlke-Str. 7
99095 Erfurt

Kolibri 360 GmbH
Ferdinand-Jühlke-Straße 7
99095 Erfurt, Deutschland
produktsicherheit@kolibri360.de